VE A POR
ELLO

CÓMO HACER QUE TU NEGOCIO CREZCA, CÓMO
ATRAER A MÁS CLIENTES, Y CÓMO GANAR MÁS DINERO

ROBIN WAITE

AUTOR DEL ÉXITO EN VENTAS "ONLINE BUSINESS STARTUP"

Robin Waite

THE FEARLESS BUSINESS COACH

Primera publicación en Gran Bretaña: 2017
Publicado por: Robin M. Waite
Derechos de autor de 2018: Robin M. Waite
Traducción: Eva Túnez Salvador

Paperback ISBN 978-0-9957768-7-6
Kindle ISBN 978-0-9957768-0-8-3

Robin Waite Limited
Stroud House
Russell Street
Stroud
Gloucestershire
GL5 3AN

www.robinwaite.com

ELOGIOS

"*Ve* a por ello es un gran libro, fácil de leer, y que contiene consejos importantes para aquéllos que estén trabajando duro creando su negocio. Hace muchos años leí una frase que puede aplicarse a muchos autónomos: "Es fácil convertirse en un tonto ocupado". Este libro te evitará cometer ese error, ya que los consejos clave que contiene son sobre lo importante que es creer, tener gran ambición, ser valiente a la hora de crear sistemas y rodearte de las personas adecuadas. Es una lectura muy inspiradora, ya que el lector sigue la trayectoria del personaje principal mientras éste aprende a trabajar de forma más inteligente y disfrutar de la vida otra vez."

Sandra Webber, Coach de alto rendimiento y autora de
Own It - Regain Control and Live Life on Your Terms

"El libro de Robin es muchísimo mejor que cualquier publicación titulada 'cómo…'. Al contarnos una historia basada en un empresario real, Robin nos lleva a un viaje que resonará con los lectores, sin importar la industria en la que trabajan o el tamaño de su empresa.

El personaje principal tiene un coach muy listo, David, que nos recuerda a todos que miremos a nuestros negocios, no como lo que son, sino como lo que pueden ser. Si eres uno de esos empresarios que siempre están 'ocupados', este libro te ayudará a investigar qué es lo que te roba el tiempo y si estás trabajando eficazmente para lograr un objetivo que de verdad te motiva.

Gracias a su estructura de varios pasos fáciles de comprender e implementar, si haces lo que el libro sugiere, conseguirás el éxito excepcional que te mereces."

David Tovey, Empresario, Orador y Autor de *Principled Selling – How to Win More Business Without Selling Your Soul*.

"¡Qué libro! Robin es un coach de negocios extraordinario y un fantástico ser humano, pero se ha superado con esta genialidad. Se diferencia de los demás libros de ayuda empresarial en que se lee como una novela que no puedes interrumpir; y no es porque sea genial y fuera de lo normal, sino porque describe los pensamientos y acciones de cualquier empresario cuando empieza su negocio o se frustra con el mismo. Lo especial de Robin y este libro es que mira al empresario y no a la empresa. Te embarca en un viaje en el que tu bombilla no para de encenderse. Lo único mejor que este libro para tu negocio es trabajar con el mismo Robin."

Michael Serwa - Coach para la élite (michaelserwa.com)

"Bueno... Con este segundo libro, Robin ha conseguido sacar la pelota del parque (¡o del campo, mejor dicho!). Es una historia cercana, que seguro que resonará con todos. Lo que más me gusta es que Robin ha escogido lecciones clave sobre precios y productización, y los ha introducido en la historia para beneficio de todos. Fantástico."

Carl Reader - Autor de *The Startup Coach*, propietario de múltiples empresas y emprendedor en serie

"¡Narración en estado puro! Ve a por ello hace que emprendedores de cualquier industria se despierten para revaluar sus objetivos. Nos cuenta la historia difícil y aislada desde la perspectiva de un profesional de golf que Robin conoció, cuyo negocio es poco fructífero y eso afecta a su día a día. Entonces, Robin comienza a dar sus grandes lecciones, describiendo hábilmente los pasos clave de la trayectoria mientras el coach le ayuda a rediseñar un conjunto de productos que la gente quiere, y no que la gente necesita. Este libro destaca cómo los negocios pueden ofrecer valor a sus clientes de formas únicas y tener éxito imponiendo sus condiciones. Una historia de transformación inspiradora, que todo empresario debería leer."

Daniel Priestley- Emprendedor y autor

ÍNDICE

Dedicado a Poppy y Sophie

PRÓLOGO

Sólo se vive una vez.

Eso es lo cierto para todos los habitantes de este planeta, da igual si eres religioso, espiritual, ateísta, o no tienes ni p*ta idea.

Cuando tu tiempo en la Tierra se acaba...

Se acaba.

Tardé mucho en darme cuenta de este hecho, y, por muy "macabre" que suene esta introducción al libro, es un hecho. Simple y llanamente.

Pensé que sería apropiado para la introducción de este libro, "Ve a por ello", porque sólo tenemos una vida para perseguir nuestros sueños.

¿Por qué querrías vivir tu vida siendo un amargado, insatisfecho, y sin poder ayudar a que los demás (incluido tú) consigan todo lo que quieres?

Escucha a alguien que tiene miles de libros y ha escrito dos de los más vendidos. Te ruego que no sólo leas este libro, sino que **HAGAS** lo que te recomienda.

Ahora mismo todavía respiras y tu corazón sigue latiendo; además del hecho de que estamos en un momento de la civilización en que lo tenemos todo a nuestro alcance, y, francamente, no hay excusa para NO hacer los cambios necesarios y ponerse manos a la obra.

Espero que esta reflexión te sirva.

Tienes todo el derecho a vivir la vida que quieres, como tú quieras vivirla. Sí, habrá que trabajar duro y hacer sacrificios, pero no toda la vida. Utiliza este libro, haz lo que te recomienda y recupera tu p*ta vida, AHORA.

Dan Meredith – Autor de uno de los libros más vendidos, *"How to be F*cking Awesome"* y líder de Coffee With Dan

INTRODUCCIÓN

Ve a por ello es la historia de Russ Hibbert y de su encuentro inesperado con David, un coach de negocios. Russ es muy trabajador, dedicado a su mujer y a sus hijos, y está forjando una carrera como profesional del golf.

Basado en uno de mis primeros casos prácticos de mi carrera de coach, *Ve a por ello* cuenta la historia de un coaching que ofrecí a un profesional del golf. Sólo duró diez minutos y transformó el negocio y la vida de mi cliente.

He asesorado a muchos negocios parecidos al de Russ. De hecho, a más de 250 desde 2004. Desde agencias de diseño pequeñas que facturaban algo más de $1.000 al mes hasta grandes empresas de contabilidad que facturaban más de $250,000 al año. Desde directorios online y empresas de medicina estética hasta tutores de canto y expertos en hotelería.

Lo que todos esos 250 empresarios con los que he trabajado tienen en común es que, en algún momento de sus carreras, se han enfrentado a dificultades que impedían el crecimiento de sus negocios.

A pesar de esas dificultades, cada uno de ellos dirige un negocio exitoso, pero se dan cuenta de que sus negocios pueden crecer más. Se desilusionan porque dedican todo su tiempo y energía a sus negocios sin que éstos crezcan de forma significativa. Sus familias se enfadan porque no ven a su pareja, padre, marido o mujer lo mucho que les gustaría. La vida de mis clientes no es una lucha, pero les gustaría recuperar su vida un poco.

Ahora quiero compartir esta historia contigo para que no tengas que enfrentarte a las mismas dificultades y permitirte acelerar el crecimiento de tu negocio.

Este libro es para cualquier empresario del sector servicios en cualquier etapa de su negocio. Es para cualquiera que se haya perdido en el mundo empresarial y no pueda entender por qué pasa la semana y se encuentra en el mismo lugar cada domingo por la noche. Está diseñado para que cambies tu rutina y puedas centrarte en tu negocio.

Asesoro al empresario, y no a la empresa. Tardé 16 años en aprender todas las lecciones difíciles que te enseña el mundo empresarial para que mis clientes no tengan que hacerlo, y he condensado las lecciones más importantes en Ve a por ello.

Normalmente, las empresas con las que trabajo duplican sus ingresos en tan sólo tres meses. Si sigues algunos de los consejos que doy en Ve a por ello, puedo garantizarte que empezarás a ver resultados duraderos en los próximos tres-seis meses.

Espero que Ve a por ello te anime a actuar, revaluar el producto que ofreces, cambiar tus precios, concentrarte en conseguir clientes serios que se comprometan a hacer cambios positivos, y entender el valor de lo que ofreces.

Ve a por ello no es para quien busque un modo de hacerse rico rápidamente, de la noche a la mañana. Ve a por ello no ofrece resultados inmediatos. El cambio y el crecimiento empresarial requiere trabajo, compromiso y, sobre todo, los huevos y una mente abierta para tomar decisiones increíblemente radicales sin miedo alguno.

Ve a por ello no es "la solución". Sin embargo, está diseñado para animarte a que actúes y hagas las cosas de un modo diferente en tu empresa.

Si quieres hacer algo diferente a lo que estás acostumbrado y dar el siguiente gran paso en tu negocio, te invito a seguir leyendo.

Los primeros capítulos preparan la escena y descubren los problemas de mentalidad que Russ está teniendo en su negocio y cómo éstos afectan a su vida personal. Entonces, Russ aprende que marcarse objetivos ayuda a centrarse y a ver las cosas con mayor claridad. Los capítulos 5, 6 y 7 introducen tres áreas principales en los negocios: el producto, el precio, y las propuestas de valor.

Finalmente, Russ aprende unas lecciones muy importantes sobre cómo vender. Si clavas lo que ofreces, puedes cobrar lo que quieras por tus productos y servicios, y no lo que los demás cobran. Vender entonces es pan comido.

Sigue los pasos sencillos de Ve a por ello y te garantizo que cambiará las percepciones de tu propio negocio. Espero que te haga pensar más positivamente en lo que puedes conseguir en los negocios. Si te encuentras algo desconcertado en tu negocio, prepárate para volver a verlo todo perfectamente claro.

CÓMO UTILIZAR ESTE LIBRO:

Léelo todo, y mira si existe alguna similitud entre tu negocio y el de Russ.

¿No tienes tiempo? Entonces busca las lecciones de David en los cuadrados grises y los momentos lúcidos de Russ, donde aparece el icono de una bombilla.

Los modelos que utilizo en este libro representan ejemplos de las herramientas que uso en mi programa de coaching. Cada herramienta incluye un diagrama sencillo, una explicación de 5-10 minutos y un debate entre David y Russ acerca de cómo Russ puede implementar la herramienta en su negocio.

Si tienes alguna pregunta, visita mi página web (actualmente en inglés) para más información acerca de mi programa "Fearless Business Accelerator":

https://robinwaite.com/

CAPÍTULO 1
A PUNTO DE DEJARLO

Me costó salir de la cama en la oscuridad; serían cerca de las cinco y cuarto de la mañana. Abrí la cortina para ver qué tiempo hacía, y pude ver una buena capa de escarcha cubriendo los coches de los vecinos. Hoy iba a ser un día difícil.

El invierno ya había llegado, a pesar de que sólo era octubre. En esta época del año, me cuesta salir de la cama. La oscuridad era opresiva, y la pesadumbre del invierno me hizo sentir una horrible depresión y ansiedad.

Volví a cerrar la cortina y busqué con dificultad los pies de la cama con la poca luz que había.

¡PUM!

"¡Maldita cama!", dije entre dientes; era la tercera vez que me golpeaba el muslo con la esquina de la cama esta semana.

Lo que más me preocupaba era despertar a mi mujer, Susan, y a nuestro bebé de 11 meses, Jacob, que todavía dormía a nuestro lado en su cuna.

Mi hija mayor, Elena, dormía bien de pequeña; llevé bien la falta de sueño, y el haber empezado mi negocio como profesional del golf me motivaba muchísimo. Con Jacob, me costó. No podía aguantar el cansancio, y eso me hizo insoportable.

Aunque me encantaba volver a casa después del trabajo, me resultaba imposible cambiar el chip del trabajo al de ser padre. Cambiar de un día frenético de clases al tráfico de la hora punta y a la rutina del baño y la hora de dormir era una pesadilla.

Por quien más lo sentía era por Susan, que, como todas las noches, se había levantado 2, 3, 4, 6…8 veces esa noche y no había dormido más de media hora seguida. Sabía que estaría furiosa en la cama ahora mismo.

No tuve otra opción y salí torpemente de la habitación oscura, encendí el extractor de encima de la puerta del baño y cerré la puerta. En la ducha, pensaba silenciosamente en el día que me esperaba; recordando que tenía la agenda completa con 8 clientes. Me empecé a llenar de adrenalina y se me aceleraron los latidos del corazón y el cerebro.

Este sábado, iba a darlo todo.

Terminé de ducharme, me peiné, me eché desodorante y me lavé los dientes… y entonces se me encogió el corazón. Recordé que, una vez más, tenía que vestirme a oscuras para no despertar a Jacob.

La cuna bloqueaba la puerta del armario de nuestra diminuta habitación, así que alcancé algo de ropa del suelo. La luz del pasillo estaba encendida; bajé las escaleras y, al pasar por el espejo del pasillo, vi que llevaba la camiseta del revés. Mientras me ponía la camiseta bien, me di cuenta de que ya iba 10 minutos tarde… agarré una manzana y me llené la botella de agua, alcancé mi bolsa y las llaves y me dirigí a la puerta de la entrada, listo para empezar mi viaje de 1 hora al campo de golf.

Al doblar la esquina de la casa, vi mi coche completamente cubierto de escarcha. Durante los 5 minutos que estuve dando vueltas al coche echándole spray descongelante y raspando el hielo del limpiaparabrisas con mi tarjeta de crédito, pensaba: "¡Ojalá algún día pueda levantarme a una hora prudente y desayunar con mi familia antes de ir a trabajar!".

Cuando conseguí arrancar el coche, me acordé de que mis zapatillas de clavos estaban todavía dentro, sucias desde ayer porque no tuve tiempo de limpiarlas la noche antes. Cuando abrí la puerta de la casa, escuché a Jacob despertándose y los pasos de Susan levantándose. Quise subir, abrazarla y ocuparme de Jacob para que Susan pudiera dormir más, pero ya iba tarde al trabajo, así que salí de la casa a hurtadillas.

Con el negocio mantenía a mi familia; levantándome cada día, poniéndome manos a la obra y trabajando como el que más para ganar dinero. Sacrifiqué amistades y di todo mi tiempo libre. Casi todos los días me preguntaba si valía la pena.

La semana pasada, apenas tuve tiempo de hablar con Susan. Me daba la impresión de que el único modo de ganar más dinero era dar más clases, lo que significaba pasar siete días seguidos en el campo de golf. Y para colmo, el otro profesor llevaba malo tres días, así que tuve que dar el doble de clases.

Había trabajado 13 días en las últimas dos semanas, no había tenido ningunas vacaciones en 6 meses y siempre me costaba llegar a fin de mes. Estaba a punto de dejarlo. Ayer, Susan intentó pagar la compra con la tarjeta de la cuenta conjunta y el pago fue declinado. Pasó mucha vergüenza y esa noche vino a casa echando humo. No me dirigió la palabra, ni siquiera para decir "¡Buenas noches!".

Había más tráfico de lo normal. Podía ver una cola de luces de coches y camiones en dirección a la autovía. Mientras me preguntaba si llegaría a tiempo, pensé en el dueño del campo, que seguramente me echaría la bronca por llegar tarde. ¿Cómo es posible levantarse a las 5 de la mañana y aún así llegar tarde al trabajo? Me estaba poniendo de los nervios.

Empecé a preguntarme: "¿Y si tuviese un trabajo normal? No sería lo que me gusta hacer, pero no pasa nada, ¿no? ¿Y si tuviera un trabajo normal que me pagara un sueldo normal directo a la cuenta del banco cada mes?".

"Podría entrar al trabajo a las 9 de la mañana y salir a las 5 de la tarde como todo el mundo."

Y luego recordé...

que eso era lo que hacía antes, y nunca era un horario de nueve a cinco. Mi jefe siempre me exprimía al máximo. La mayoría de los días me iba de casa a las 7 de la mañana y no llegaba hasta las 7 de la tarde.

No puedo seguir así. No puedo seguir haciendo lo mismo todos los días y que las cosas no mejoren. Tenía que cambiar algo, ¿pero qué?

Da igual si eres autónomo o trabajas para alguien, si trabajas en una oficina o al aire libre; eso no cambia absolutamente nada.

Mi sueño se había hecho realidad, me di cuenta de que soy uno de los pocos afortunados que persiguen su sueño y hacen el trabajo que les apasiona. Aunque algunos de mis clientes son un coñazo, el 80% son fantásticos. Me preguntaba: ¿No sería genial si pudiese hacer algo con el 20% restante?

¿Pero qué?

Tenía que llegar y rezar por que las ocho personas que habían reservado clase hoy apareciesen a su hora... o que simplemente apareciesen. El teléfono vibró dos veces y recibí un mensaje; se me encogió el corazón. Entre las 6 y las 7 de la mañana, un mensaje podía ser de dos personas: Susan deseándome suerte ese día o uno de mis clientes cancelando una clase. Los coches no se movían, así que miré mi iWatch y vi:

"Hola Russ, lo siento, tío, no puedo ir. Espero que no te moleste. Nos vemos la semana que viene. Gracias, Jez."

Jeremy era mi primer cliente del día... bueno, ya no.

Me hacía ilusión trabajar con Jeremy. Tenía un buen swing y no jugaba mal. Sin embargo, las tres últimas semanas, Jeremy había mandado el mismo mensaje cancelando la clase en el último momento, a pesar de que había reservado el turno de las 7 de la mañana para dar una clase antes del trabajo.

Cobraba después de las clases, lo que significaba que ya había perdido $25 antes de llegar al trabajo. El acuerdo que había firmado con el dueño del campo era que pagaría un precio fijo por cada clase que reservaba, sin importar si el cliente aparecía o no, así que ahora esto me estaba costando dinero.

La razón principal por la que empecé mi negocio era ayudar

11

a la mayor gente posible a mejorar su juego de golf, y marcar una diferencia en sus vidas. Sé cuánto le gusta a la gente jugar al golf, estar al aire libre, y poder tomarse un respiro de sus trabajos y sus familias. Mis clientes necesitan pasar algo de tiempo fuera para desconectar de una semana de estrés.

No sabía qué hacer con Jeremy faltando a sus clases, pero sabía que también dañaría mi reputación cuando Jeremy jugase al golf con sus amigos y su juego no mejorara. Sus amigos le dirían, "Jez, ¿no das clases de golf? Tu profesor no es muy bueno."

Al llegar al campo de golf, pude ver una capa fina de escarcha y me pregunté qué iba a hacer durante la próxima hora. Parecía que iba a tener que pasar la primera hora del día ordenando la tienda de artículos de golf en vez de dando clase; como los últimos 3 sábados.

Me llegó otro mensaje al teléfono, esta vez de Susan.

"Buenos días, cariño, espero que hayas llegado bien a la oficina. Sólo quería decirte lo mucho que te quiero y lo orgullosa que estoy de ti por seguir con esto del golf. Estoy deseando verte luego, besos."

CAPÍTULO 2
UN ENCUENTRO INESPERADO

Empecé poniéndole el precio a los palos de golf de segunda mano que se habían quedado en una caja de cartón vieja en una esquina de la tienda. La caja no se había movido en dos semanas; no desde la última vez que Pete, el otro profesor de golf, intentó ponerles precio.

"Pete, ¿dónde está la lista de estos palos?, le pregunté desde la otra punta de la tienda.

Pete tenía cincuenta y algo, el pelo lleno de canas y algo de panza, parecía no tener ya ninguna motivación en la vida y a duras penas representaba la élite deportista que se ve en la tele.

Hay una lista en la que anotamos la cantidad que pagan por cada palo, si es que pagan algo, y el precio de venta para asegurarnos de que ganamos un margen.

"¡No sé, tío!", me contestó Pete, "La puse en la caja".

Eché otro vistazo rápido a la caja, "No está, Pete". El no tener la lista significaba que no sabía cuánto habíamos pagado por los palos. Empecé a crear una lista nueva y a buscar los precios de los palos en páginas como eBay y Gumtree para comparar.

Añadí un 20%, ya que ofrecíamos una garantía de 6 meses con los palos que vendíamos.

Había marcado tres o cuatro palos cuando, de repente, un señor entró a la tienda. Se acercó a mirar los guantes, y luego los zapatos. Iba bien vestido con unos chinos y un polo de Ralph Lauren, unos zapatos impecables de piel... estoy seguro de que tenían un logo de Gucci; miré cómo pasaba entre las maderas y Pete, que no se había dado ni cuenta del cliente.

Finalmente, me acerqué a él.

"Hola, soy Russ, ¿puedo ayudarte con algo?".

El hombre me miró, "Sí, de hecho sí, estoy interesado en dar unas clases. Solía jugar hace tiempo, y estoy pensando en volver a hacerlo". Vi una oportunidad, y solté lo primero que se me ocurrió, "¿Cuánto tiempo tienes?".

Me miró algo desconcertado, "¿A qué te refieres?".

"Mi clase de esta mañana se ha cancelado, así que si tienes tiempo ahora, ¿por qué no nos vamos al campo de práctica y le echo un vistazo a tu swing?".

"Bueno, eh... ¡vale!".

Agarré algunos palos que más o menos parecían tener el tamaño adecuado para mi primer cliente y le pregunté: "¿Qué quieres hacer: hierros, wedge, putter, madera?".

"¿Hierros?".

Llevé a mi posible cliente al campo de práctica y empecé del mismo modo que siempre empiezo con un cliente nuevo. Coloqué, cuidadosamente y a propósito, diez pelotas de golf en una línea en el suelo del puesto donde íbamos a pasar los siguientes 45 minutos, y le ofrecí un hierro tres a... mierda, ni siquiera le había preguntado aún cómo se llama... ¡idiota!

"Por cierto, ¿cómo te llamas?", le pregunté. "Perdona por no preguntarte antes en la tienda."

"David, ¡encantado de conocerte, Russ! me dijo, y me dio un buen apretón de manos. "Entonces, ¿cuál es el plan?".

"Lanza las pelotas", le dije, "Quiero ver tu swing y ver qué nivel de juego tienes".

David se tomó su tiempo y poco a poco lanzó todas las pelotas, ajustando cuidadosamente su stance y su grip antes de cada swing. El primer tiro fue un completo desastre; la pelota rebotó en el césped como si se tratara de una piedra rebotando en el agua. David notó cómo se ponía tenso, y respiró profundamente antes del segundo tiro. Esta vez voló por el aire con un golpe algo cortado, "¡Sigo siendo bueno!", dijo tranquilamente antes de prepararse para su tercer swing, que descuidadamente acabó en draw e hizo que un par de golfistas que estaban en los puestos de al lado nos mirasen.

David continuó hasta que lanzó las diez pelotas. Evalué la situación; al menos seis habían ido donde David quería que fueran. Estaba algo fuera de forma, y sus hombros y espalda estaban rígidos. No tardaría mucho en recuperar su juego y perfeccionarlo.

"¿Cuánto hace que no juegas?", le pregunté a David.

"Solía jugar cuando era adolescente y cuando tenía veinte y pico, pero empecé a trabajar y me casé, tuve hijos y... bueno, seguro que has oído esa historia miles de veces, ¿no? Han pasado unos 20 años desde la última vez que agarré un palo."

"¿Qué quieres conseguir con las clases?", le pregunté.

"Sólo quiero ponerme un poco en forma otra vez", dijo David. "Y he recuperado un poco de tiempo. Disfruto con el golf, así que pensé que podría volver a jugar.".

"¿Te has jubilado? ¿Cómo has conseguido recuperar algo de tiempo?".

David entonces me explicó que todavía trabajaba y, aunque estaba ocupado, había conseguido reducir sus horas. Cuando paré para preguntarle cuál era su trabajo, David hizo una pausa y, al cabo de unos segundos, me dijo: "Soy un coach de negocios".

Había conocido a algunos coach de negocios en el pasado, pero es una profesión de la que sé poco y nunca pensé que necesitaba uno. Me saqué la carrera de empresariales con distinción y pensé que había aprendido todo lo que tenía que aprender cuando empecé mi negocio. Sabía que ganaban mucho dinero, pero eso es todo.

"¿Qué es lo que hace un coach de negocios?", solté.

"¡Ah!, dijo, "La mayoría de las personas hacen lo mismo día tras día, ya sea en un puesto de trabajo o por su cuenta. Todo el mundo tiene muchísimo trabajo, y la cartera no muy llena. La vida es un estado constante de estrés, pero si sólo continúas haciendo lo mismo de siempre, nada va a cambiar nunca."

"¡Parece que me estás describiendo!".

"Coaching no es para quien no quiere aceptar críticas. Yo

asesoro a la persona y no al negocio, así que la relación que creo con mis clientes es crucial. Si alguien me dice: "Sí, pero...", no se le puede asesorar. De lo contrario, nunca funciona."

"¡Ja!, me reí, ¡Ése es Pete!".

David continuó, "Asesoro a las personas utilizando una serie de herramientas que he desarrollado, principalmente para diseñar productos, ponerles precio y crear propuestas de valor." David veía cómo le miraba perplejo. "Ayudo a empresarios a crear un paquete de productos que instiguen a la confianza de sus clientes. Les enseño cómo hacer que sus productos tengan más valor, de modo que puedan cobrar más que sus competidores."

"También enseño a mis clientes a que pasen más tiempo con sus clientes potenciales, para que haya más probabilidad de que entiendan el valor total del producto o servicio que van a comprar."

"A esto le llamo empaque", explicó David, "Hace que el proceso de venta sea menos complicado y, el mensaje de marketing, más fácil de comunicar. Si mis clientes ejecutan las estrategias que creamos, ganarán más dinero y crearán tiempo para ellos mismos."

"Mi trabajo se centra en la mentalidad, la productividad, y en muchos otros aspectos de sus negocios para asegurar que mis clientes se mantengan activos y tengan metas y objetivos claros. ¡Perdona! Ha sido una explicación bastante larga, ¿pero lo has entendido?".

Digerí todo lo que David había dicho y le pregunté: "¿Sabes lo que daría yo, ahora mismo, por volver a tener algo de tiempo? Y algo más de dinero."

"Cuéntame". David me invitó a contarle más.

"Hoy, por ejemplo, un cliente me acaba de cancelar la clase. La mayoría de los días trabajo de 7 de la mañana a 6 de la tarde. Siempre tengo sólo dos o tres clases que dar, pero muchísimo que hacer en el campo. Los fines de semana son ocho o nueve clases seguidas. Cuando mi mujer vuelva a trabajar, no nos vamos a ver." Respiré profundamente, "Quiero pasar más tiempo con ella y los niños."

David contestó enseguida, "Cuéntame más, ¿cuántos años tienen tus hijos?".

"La mayor va a cumplir siete, y el pequeño sólo tiene 11 meses. Lo planeamos, por supuesto, pero es mucho trabajo. Y Susan, mi mujer, está constantemente estresada y cansada. La mayoría de las mañanas y las noches no les veo porque estoy aquí intentando levantar el negocio."

"Yo tengo dos hijas", añadió David, "Ya son grandes, pero recuerdo esos días como si fuera ayer, siempre con prisas, ocupados... ¡y hechos polvo!"

"¡Ya te digo!", contesté, y los dos nos reímos a la vez.

"Pero, curiosamente, te llenas de energía cuando te conviertes en padre. Yo conseguí usar esa energía y empecé mi negocio de coaching; nunca había sido tan productivo. ¿Sabes, Russ? Puedes hacer cualquier cosa cuando te lo propones."

Sentía cómo se me aceleraba el corazón. Era obvio que David entendía cómo me sentía. Desprendía una gran simpatía y, aunque todavía no podía estar totalmente seguro, confiaba en él.

"¿Qué te parece?", preguntó David de repente.

"El coaching de negocios suena genial…"

"¡No, no! Mi swing, ¿qué te parece mi swing?".

"Perdona. Estupendo, la verdad, teniendo en cuenta que no has jugado en mucho tiempo. Tu puntuación es de 6 de 10, lo cual significa que todavía tienes madera de golfista. ¿Te gustaría dar algunas clases?", le pregunté.

"Me encantaría, Russ, parece que podemos aprender el uno del otro. ¿Cómo funciona?".

Le expliqué a David que las clases costaban $25 la hora y cada cliente tenía clase a la misma hora todas las semanas, para que no hubiese excusas y perder clase. Le dije que se pagaba al final de la clase, y todas las clases duraban una hora. Quería demostrar mi flexibilidad diciendo que las clases se centraban en lo que los clientes querían aprender esa semana.

"¿Cuándo puedo empezar?", preguntó David.

No sé por qué, y seguramente me deje llevar por las emociones, pero fui muy poco profesional y le dije a David: "El chico que tenía que haber estado aquí ahora ha perdido su tercera oportunidad, se ha perdido tres clases seguidas. Obviamente, no está comprometido, así que ahora tengo un hueco. ¿Qué te parece los martes a las 7 de la mañana? ¿Te viene bien?".

"Me viene perfecto, Russ, apúntame."

La clase de 45 minutos se pasó volando y, antes de darme cuenta, era hora de acabar. Recogí los palos y dejé las pelotas para recogerlas en mi descanso. David y yo caminamos hacia la tienda juntos. Como aún eran sólo las 8 de la mañana, el aparcamiento estaba vacío. Vi un Range Rover negro precioso. Era un Autobiography. Lo sabía porque, antes de tener hijos, soñaba despierto y me entretenía mirando la página de Land Rover y customizando mi Autobiography.

"Muchas gracias por esta mañana, Russ, y por darme clase enseguida", dijo David, alargando su mano de nuevo para otro apretón de manos, "Estoy deseando dar mi próxima clase".

"¡Yo también!", dije sin pensar.

David se subió al asiento del conductor y cerró la puerta. El V8 rugió al arrancarse. David sacó la cabeza por la ventanilla, "Russell, hazte con una copia del Think and Grow Rich de Napoleon Hill. Si entiendes 'el secreto' que contiene, verás que siempre se puede tener más; pero tienes que saber qué es ese 'más' para ti, y desear conseguirlo con todas tus fuerzas".

Con eso, echó marcha atrás y salió del aparcamiento. Permanecí allí de pie mirando hasta que se fue.

CAPÍTULO 3
LA PRIMERA CLASE

Tuve una semana horrible después de conocer a David. Tuve cuatro cancelaciones incluso antes de que llegara el fin de semana. Conseguí hablar con Jeremy y le di la noticia de que había cancelado sus clases porque se había perdido tres seguidas. Por supuesto, no se lo tomó bien, me maldijo varias veces y me colgó el teléfono.

El sábado por la mañana me desperté temprano, y cuando conseguí alcanzar mi teléfono, me di cuenta de que no era la alarma lo que me había despertado.

Mi teléfono iluminó la habitación y vi que eran algo más tarde de las 3 de la mañana, dos horas antes de que mi alarma tuviese que sonar.

Podía oír cómo diluviaba fuera. Maldita lluvia.

Cuando llovía, sobre todo si era fin de semana, trabajar era un caos. Lo peor que había tenido eran 6 cancelaciones de 8 clases reservadas. Y eso no era todo; ese día, sólo el primer y el último cliente aparecieron, lo que significó que el resto del día tuve que limpiar el almacén de la tienda, los baños, la cocina y las escaleras, y más o menos todo lo que estaba a la maldita vista.

No pude dormirme de nuevo. Mi mente estuvo dos horas saltando de un tema a otro; la próxima ITV de nuestro coche viejo, las cancelaciones de la semana y seguramente las de hoy, la sugerencia que Susan me hizo anoche de que buscara trabajo, y en qué mundo estaba criando a mis hijos.

Por fin, mis pensamientos se volvieron algo más positivos. Reflexioné en lo que David dijo cuando nos conocimos el otro día. Puedes hacer lo que quieras cuando te lo propones. Y eso hice. Soñé que jugaba en el tour junto a algunos de mis ídolos, ganaba campeonatos, y me iba de vacaciones a sitios de lujo con mi familia.

Estaba en el quinto puesto por debajo después de siete hoyos en el British Open cuando sonó la alarma.

Sólo dos cancelaciones, parece que mis clientes se sienten aventureros hoy. De vuelta a casa, volví a pensar en el martes. No el martes pasado, sino el que viene. Me subió la adrenalina al recordar que la primera clase del martes era con David. No sé por qué, pero estaba ansioso de dar esa clase, y me daba que iba a ser diferente a las otras.

Pero todavía quedaban dos días y 12 clases más.

El martes me levanté antes de que sonara la alarma. Me escabullí como la Pantera Rosa para ducharme, desayunar y salir por la puerta sin que ninguno de los niños me viese.

Sorprendentemente, no había tráfico en las calles. Llegué al campo a las 06:20 de la mañana. Lo que más me sorprendía era mi motivación de ir al trabajo. Esta mañana estaba entusiasmado con mis clases, o, mejor dicho, con una clase en particular. Tenía el presentimiento de que hoy iba a ser diferente, un buen día.

Preparé dos tazas de café, les eché leche y me metí unos azucarillos en mi bolsillo. Agarré unos cuantos palos y una cesta de pelotas y me dirigí al campo de práctica.

"¡Buenos días, Russ!", retumbó una voz alta al pasar por detrás de los puestos. Di un respingo derramando café hirviendo en mi mano.

"¡Ah!", grité, "¡Pete, me has dado un susto de muerte!".

"Lo siento, tío, ¿todo bien?, ¿el fin de semana bien?".

"Sí, pude dar casi todas las clases", le dije enfadado, "¿tú?".

"Genial, me lo tomé libre, me pasé todo el fin de semana viendo el Dubai Classic".

Murmuré una palabrota mientras dejaba el café y los palos en mi puesto.

"Has venido temprano", observó Pete.

"Sí, mi clase de las 7. Un tío nuevo. De hecho, ya está aquí." Señalé el aparcamiento mientras el Autobiography de David aparcaba.

David, que parecía llevar ropa más apropiada para jugar al golf, se bajó del Range Rover. Caminó hacia el campo de práctica con la cabeza alta y los hombros hacia atrás, pero de modo informal y relajado.

"¡Buenos días, Russ! He estado deseando dar la clase, ¿cuál es

23

el plan?, preguntó mientras se acercaba.

"Tú dices", contesté cuando estaba más cerca, "¿Empezamos donde lo dejamos?".

"¿Más hierros? Vamos a ello, tú eres el jefe".

Empecé la clase con un calentamiento, aflojando la espalda, los hombros y los brazos antes de lanzar ninguna pelota. El calentamiento no es sólo para el beneficio físico del cliente, sino que también hace que los clientes se lesionen menos y no pierdan clase. Es un buen hábito antes de empezar a practicar cualquier deporte y ayuda a mentalizarse.

La clase iba bien; David estaba atento e hizo pequeños cambios cuando le expliqué algunos puntos de equilibrio, postura y grip. Al final, David sacó tema de conversación.

"¿Qué tal ha ido la semana, Russell?, me preguntó David con curiosidad.

"Bien", dije sin pensar o sin saber qué decir después.

"¡No suena muy convincente!".

"Eh… bueno, he tenido clases todos los días, algunas cancelaciones… una semana normal", le contesté. ¿Por qué estaba tan interesado en mí?, pensé.

"¿A qué te refieres con 'una semana normal'?", insistió David.

"Ah. Más o menos 40 clases reservadas y algunas cancelaciones", y añadí: "¡Ha habido peores!".

"¿Y a qué te refieres con 'peores'?", continuó David.

"Pues un sábado malo, si llueve, seis u ocho clientes me

cancelan las clases. Este sábado llovió, pero sólo un par de clientes cancelaron."

"Continúa", me animaba David.

Entonces le expliqué que cobro en efectivo cada día, y esas seis cancelaciones del sábado supusieron ganar $50... no, $25 menos, ya que a uno de los clientes que sí vinieron se le olvidó la cartera. De cada clase que reservo, $5 son para el campo, por lo que tuve una pérdida de $15 ese día.

"Cuando era más joven, quería ser Tiger Woods y ganar el British Open. Gané algunos campeonatos junior y decían que era un estrella en alza, pero me disloqué el hombro durante un partido de rugby del colegio y mi juego nunca ha vuelto a ser el mismo."

David seguía lanzando pelotas de golf mientras yo hablaba. Entre lanzamientos, me miraba y asentía, como señal de que estaba escuchando. Cuando terminé e hice una pausa para respirar, David me interrumpió: "Russ, ¿por qué enseñas a la gente a jugar al golf?".

"Muy sencillo; me encanta el golf. Sé que significa mucho para otros el que les enseñe a mejorar su juego. Sólo quiero hacer de esto un trabajo estable y que me de una vida digna", expliqué.

"Vale, a ver si lo he entendido bien", dijo David recapitulando mi historia, "Tu sueldo se basa únicamente en dar clases de golf de una hora a $25 por persona, cobras en efectivo al terminar la clase, la mayoría de las veces te pagan y algunas veces no lo hacen, el campo se lleva $5 de tu tarifa independientemente de si el cliente aparece o no, y el cliente no paga si no aparece. ¿Cuántos días a la semana trabajas?".

"Seis días, a veces siete". Me sentí algo avergonzado, "David, esta es tu clase, eh, no hace falta que hables de negocios si no quieres...".

David me interrumpió antes de que terminara, "Russell, no pasa nada. Considéralo un regalo. Mi lema es 'sé siempre el coach', que significa que, si tengo la oportunidad de ayudar, siempre seré el coach y ayudaré, si te parece bien".

"Bueno, si no te importa, por supuesto, pero no quiero invadir tu tiempo de ocio, y llámame Russ, por favor, ¡sólo mi madre me llama Russell!".

No te preocupes, Russell... digo Russ, nunca voy a ser un crack del golf, así que se puede decir con seguridad que el coaching es mi pasión y no necesito ningún tiempo de ocio para descansar de ello". David se rió por lo bajo, "¿Dónde estaba? Entonces, seis y, a veces, siete días a la semana. Madre mía. Con dos niños y una mujer también. ¿Cuál dirías que es tu mayor desafío ahora mismo?".

Lo pensé unos minutos. Nunca antes había visto mi trabajo como un desafío, así que tuve que pensarlo bien antes de contestar. Volví a pensar en lo que me había enfurecido la semana pasada.

"El dinero no lo es todo para mí, pero es duro llegar a fin de mes porque mi sueldo no está garantizado ni es el mismo cada mes. En el invierno, baja drásticamente. Lo que más rabia me da es que mis clientes no se presenten. A ver, sí, si vienen, cobro, pero...", hice una pequeña pausa, "Es que, simplemente quiero enseñarles. Sé el bien que hace el golf al bienestar de la gente, a su mentalidad, a todo. Quiero ayudar a que la gente mejore su juego."

David se tomó unos segundos para digerir lo que acababa de decir. Se giró hacia la pelota de golf, que casualmente era la última de la cesta, y la golpeó con todas las ganas.

¡Ala! Fue completamente derecha, hizo un bonito arco, y cayó perfectamente dentro de las 5 yardas del marcador de 180 yardas. El mejor hierro 3 que David había hecho en los últimos 59 minutos. Se volvió hacia mí, "Russ, ¿y si te digo que puedo garantizar que todos tus clientes vengan a cada clase y ganes algo más de dinero al mismo tiempo?"

Todavía miraba con la boca abierta el marcador de 180 yardas. Después de uno o dos segundos, me giré para mirar a David, "¿Puedes hacer eso? ¡Sí, me apunto!".

"Vale, vamos a hacer esto. Voy a pagarte por las clases, y si te parece bien, también charlaremos sobre tu negocio. Lo único que necesito es que sigas las instrucciones que te doy cada semana, ¿qué me dices?".

"¡Estupendo!".

"El primer ejercicio que quiero que hagas para el martes es escribir una lista de los objetivos que quieres conseguir en un año, tres, cinco y diez años. Da igual si son objetivos grandes o pequeños, simplemente imagínate cómo quieres que tu vida sea en cada intervalo. Cuéntale los objetivos a tu mujer. Escríbemelos, los veremos la semana que viene." Echándose la mano al bolsillo, David me preguntó: "¿Te importa si te pago las clases por adelantado? Miré como David me daba un trozo de papel.

"Claro que no", dije algo perplejo.

"Genial, nos vemos la semana que viene, Russ, ¡no te olvides de escribir tus objetivos!, dijo dirigiéndose al aparcamiento.

Cuando David se marchó, me fijé en el trozo de papel que tenía en las manos. Era un cheque. Lo desdoblé. La cantidad era de $595, firmado por David R. G. Marchant, con fecha 6 de noviembre de 2016. Por detrás había una nota escrita a mano: "Russ, por ocho clases a partir de hoy, gracias, David."

CAPÍTULO 4
MÁRCATE UN OBJETIVO

Aquella noche entré por la puerta de la casa y Susan me recibió enseguida con una sonrisa de oreja a oreja y haciendo el gesto de "¡sshhhh! Me dio un fuerte abrazo y me besó en la mejilla. El corazón me dio un vuelco como lo hizo en nuestra primera cita.

Los niños se habían dormido antes de las 7. Que los niños se hubiesen dormido antes de las 7 no era nada normal en nuestra casa. "Cielo, tengo algo emocionante que contarte; yo me encargo de la cena, tú ve y relájate un poco". Usé toda mi energía positiva en cocinar unos espaguetis boloñesa increíbles y puse la mesa con vino y velas.

Cuando terminé de cocinar, la acompañé a "mi restaurante" y acerqué su silla a la mesa mientras se sentaba. Vi que tenía el ceño algo fruncido cuando miraba cómo me movía por la cocina. Sí, sabía lo que estaba pensando, que era raro que yo hiciese algo remotamente romántico. Los dos devoramos la cena mientras charlábamos acerca de los niños, de cómo le había ido el día a Ellie en el colegio y cómo Jacob había empezado a darse la vuelta y lloraba cada vez que se quedaba boca arriba.

Al cabo de un rato, Susan me miró intensamente y me preguntó: "Russ, ¿cuál es la gran noticia que tienes que contarme?".

Le conté con entusiasmo la historia de cómo conocí a David la semana pasada y la clase que le di hoy. Cuando saqué el cheque y se lo enseñé, no salía de su asombro. Aún seguía sin entender por qué la cantidad era $595 y Susan tampoco lo podía descifrar, pero los dos sabíamos que el dinero nos venía muy bien. Le conté que David estaba dispuesto a asesorarme durante las próximas siete clases.

"Tengo muy buen presentimiento, Susan; no sé por qué, pero sé que me puede ayudar, que nos puede ayudar." "Parecía seguro acerca de las clases y de cómo ganar más dinero", continué.

"Cariño, a mí me parece que hubiese truco, casi demasiado bueno para ser verdad. ¡Ándate con cuidado!".

Por un momento, bajé de las nubes, "Bueno, no tengo nada que perder, la realidad es que este tío me acaba de pagar $595 para darle clases de golf mientras me enseña un poco cómo llevar el negocio."

"¡Vale!", repitió, "¡pero ten cuidado!".

"¡Vaale, sí, tendré cuidado! Por cierto, David me ha pedido que haga un ejercicio contigo."

"¿Ah sí?".

"Quiere que hablemos de nuestros objetivos; de cómo queremos vernos en el futuro", le expliqué. "Tenemos que escribir nuestros objetivos para un año, tres, cinco y diez años. Sugirió que los escribiera y te los enseñara, pero quiero que lo hagamos juntos."

Tardé en convencerla, pero al final Susan dio su brazo a torcer y, una vez que recogimos los platos sucios de la mesa del comedor, nos sentamos en el salón. Saqué varios rotuladores y algo de papel. En la parte superior de cada página, escribí: Año 1, Año 3, Año 5, Año 10.

Y empezamos a escribir nuestros objetivos:

Año 1

- Crear un sueldo estable
- Asegurar que los clientes vengan a todas las clases
- ...

Hacer una lista de mis objetivos era más difícil de lo que pensaba.

- Reservar unas vacaciones en el extranjero
- Comprar esos zapatos de Jimmy Choo que Susan siempre ha querido
- Pasar cuatro horas más a la semana con los niños
- ...

Ahora le iba pillando el tranquillo.

Año 3

- Coche nuevo
- Cobertizo/oficina
- Suficientes ingresos para que Susan no tenga que trabajar
- Cocina nueva
- Redecorar el salón y el baño
- No, redecorar la casa entera
- Aún mejor, vamos a comprar una casa nueva

"Russ, ¿nos podemos permitir todo eso?", preguntó Susan. "Que yo sepa, no estamos forrados".

"Susan, imagínate que esto es un diagrama de ideas de los que haces en el trabajo, ¡y todo vale, por favor!", le corregí.

"Pero Russ, ¿no ves que esto no tiene ningún sentido si no tenemos dinero?".

"Pero Susan, no seas aguafiestas; venga, seguro que te duermes todas las noches soñando con tu casa ideal, los niños haciéndose mayores o dónde nos vamos de vacaciones, ¿no?", tuve que suplicarle para que siguiéramos con la tarea.

"Russ, es que estás siendo demasiado ingenuo, la gente como nosotros simplemente no vive ese tipo de vida, no tenemos esa suerte, ¡me voy a la cama!" y así se marchó del salón dejándome algo paralizado en el sofá. Hice lo que cualquier hombre haría en esa situación, y en lugar de consolar a mi mujer, seguí con la tarea que David me había encomendado.

Año 5

- Viaje inolvidable en familia a la Costa Dorada
- British Open champion
- Casa de seis habitaciones sin adosar en una colina con un acre de terreno, ponis para que los niños se suban, dos loberos irlandeses a mi lado, un Maserati aparcado en la puerta, yo llevando un Rolex, Susan saliendo de nuestra piscina cubierta y Derek, nuestro jardinero, ocupándose de los arbustos del camino que lleva a la entrada, donde hay una puerta enorme de hierro forjado...

Me lo estaba pasando genial con el ejercicio, y no pude contenerme:

- Hipoteca pagada
- Colegio privado para los niños
- Viaje a Bali para hacer surfing
- Portada de la Golfer Magazine y entrevista de 8 páginas
- Ropa, o mejor, vestimenta completa y todos los accesorios de golf

Año 10

- Jubilado pero trabajando, porque amo mi trabajo
- Propietario de un campo de golf
- Celebrar campeonatos por invitación de forma habitual
- Haber jugado al golf con Adam Sandler y Robert Wagner… y Will Smith, y Matthew McConaughey
- Tesla Modelo X
- Jet privado
- …

"Sí, ¡creo que así está bien!", terminé mi lista y me fui a la cama.

David, con la cabeza ligeramente inclinada a un lado, prestó mucha atención mientras le recitaba mi lista de objetivos. Cuando terminé, paró unos momentos y miró por encima de mi hombro izquierdo, pareciendo procesar mi larga lista de requisitos. Finalmente, volvió a mirarme. "Russ, tu 'por qué' está claro; es tu familia, ¿verdad?".

Asentí con la cabeza.

"Tu razón de ser es el golf; y con eso me refiero a que tus talentos, pasión, experiencia e incluso tus valores principales se basan en el juego de golf. Están en tu ADN, ¿cierto?".

Asentí de nuevo.

"El modo en que mides el éxito en la vida parece ser bastante materialista, pero eso me viene muy bien como referencia. Tu manera de conseguirlo me parece muy obvia: consiguiendo que los clientes vengan a las clases, darles los resultados que quieren, y que te paguen por ello."

Asentí; parecía que me conocía perfectamente, "Has dado en el blanco, David, ¿pero cómo consigo eso, que los clientes vengan a todas las clases y asegurarme de que las paguen?".

"Te lo explicaré más adelante, Russ, pero lo fundamental es marcarte un objetivo muy claro. La vida sin un objetivo claro es tan sólo un conjunto de acciones sin sentido y sin dirección. Tienes que escoger un único objetivo en el que centrarte y asegurarte de que todo lo que haces apunta hacia ese objetivo."

La lección de David sobre cómo marcar objetivos

Imagínate que cada una de estas 30 y pico pelotas de golf que acabo de lanzar al suelo representan una actividad de tu negocio que desempeñas a diario. Puede ser cualquier cosa, enviar un e-mail, llamar por teléfono, ordenar la tienda, imprimir una tarjeta de visita, mandar una circular, etc.

Con las pelotas, lo primero que ves es que todas parecen haberse tirado de cualquier manera y están desordenadas. Así es como la mayoría de los emprendedores se ocupan de su negocio a diario. Saltan de una actividad a la siguiente sin ningún orden concreto y sin ninguna dirección determinada.

¿Qué paso das para que esto cobre algo de sentido? Si pongo esta bandera por delante del grupo de pelotas, entonces, de repente, tienes una meta que lograr; o un objetivo. Si coloco dos palos en el suelo haciendo una 'V' a modo de embudo para que encauce las pelotas (actividades) hacia el objetivo, hay algunas actividades que se quedan dentro del embudo. El Embudo es la trayectoria de tu cliente, que lleva hacia el objetivo.

Las actividades que se encuentran más lejos de tu objetivo están rodeadas del "ruido". Hay muchísimas, y básicamente, no tendrás ni idea de si realizar esas actividades te ayudará a conseguir tu objetivo. Siempre que vayas a empezar una actividad en tu negocio, pregúntate: "¿Esta actividad hará que me acerque más a mi objetivo?".

Si la respuesta es no (David golpea algunas pelotas hacia la periferia), tu instinto de empresario es muy potente, y el 90% de las veces tendrás razón. El 10% de las veces estarás equivocado. La dilación es la forma más rápida de fracasar. Si tomas la decisión rápidamente y te equivocas, puedes cambiar de dirección y volverlo a intentar.

El error MÁS GRANDE que los emprendedores cometen es ir detrás de las novedades. Lo que comienza como una actividad que te acerca a tu objetivo más rápidamente se convierte en una idea y da lugar a una serie de eventos que resultan en un objetivo nuevo, lo cual te aleja del objetivo inicial que te habías marcado. Cuando has realizado dos actividades relacionadas con esa "novedad", te das cuenta de que ahora es una distracción, pero por varias razones, como el miedo a fracasar, el miedo a defraudar a los demás y el miedo a no terminar lo que empezaste, continúas con ello pesar de todo.

El año pasado tardé muchísimo en organizar un evento para atraer a jugadores nuevos. Lo único que conseguí fue enfadar a los que ya eran miembros por no invitarles y por ofrecerle descuentos a los jugadores nuevos. Sólo vinieron cuatro personas al evento.

Ahora que lo sabes, puedes cambiar de dirección rápidamente y volver a encaminarte hacia tu objetivo. Sólo requiere disciplina y recordar el 'por qué' de lo que haces. Una vez que te has desviado del ruido y te empiezas a acercar más a tu objetivo, tanto tú como tus clientes comenzaréis a ver más claro a) tu objetivo, b) cómo de fácil es lograrlo y c) las actividades necesarias para lograrlo, que ahora son sólo unas cuantas.

Por último, tu mensaje da en el clavo y puedes empezar a trabajar en tu objetivo poco a poco.

Mi modelo se basa en los principios de "Piense y hágase rico", de un autor llamado Napoleon Hill. Es un libro fantástico, pero el "secreto" que Hill menciona se basa en los objetivos. Primero, tienes que tener un objetivo especifico. Segundo, tienes que desear lograrlo con todas tus fuerzas. Por último, tienes que actuar de forma positiva para lograr ese objetivo.

Piensa en la gente cuya intención es ganar la lotería para tener un futuro próspero. Recientemente leí un estudio que indicaba que el 60% de la gente espera eso, hacerse ricos ganando la lotería. Entonces, a esa gente se le preguntó: "¿Compras décimos de lotería?" El 48% contestó que sí, lo cual significa que el 52% del 60% encuestado deseaba ganar la lotería pero no compraba décimos. La suerte se puede crear con una analogía similar. ¿Quién crea más suerte, la persona que compra un décimo, o la que compra diez?

Un objetivo tiene que ser explícito y medirse en un periodo de tiempo determinado.

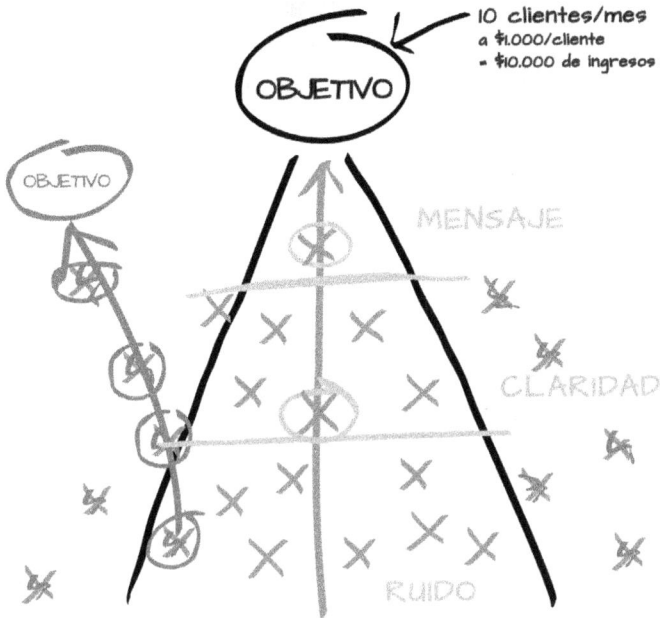

Pongamos tu negocio por ejemplo, Russ. Si quisieses ganar $100.000 en los próximos 12 meses, eso sería un objetivo muy específico que se mide en un periodo de tiempo determinado. DEBES desglosarlo más. Esas $100,000 son el resultado de que los clientes te paguen. Si cada cliente te paga $500 a lo largo de un año, tendrás que atraer a 200 clientes a tu programa. O si tu programa generara $2.000 por cliente, sólo necesitas 50 clientes al año.

Estoy seguro de que si consiguieses unos ingresos de $100,000 en los próximos 12 meses, podrás tener esas vacaciones en el extranjero, comprarle a Susan los Jimmy Choo, y pasar más tiempo con tus hijos. ¡Qué digo! El coche nuevo, la casa nueva y el que Susan deje de trabajar se hará realidad.

"¡Qué tonto he sido!, me repetía a mí mismo; no creía que un profesional del golf local como yo pudiese ganar $100,000 al año. Mis clientes no eran el problema; era yo. Todo este tiempo había arriesgado poco. Nunca me había parado a pensar cuánto quería ganar al año.

Estaba ansioso, "Vale, David, ¿cómo?, ¿cómo lo hago?, ¿qué tengo que hacer para conseguir exactamente eso: el coche, los zapatos, las vacaciones, que los clientes vengan a TODAS las clases y que me paguen?, ¿cómo?".

CAPÍTULO 5
CREA UN PRODUCTO

Aquella noche me fui a la cama imaginándome lo que sería ganarme la vida en serio con las clases de golf. No tenía ni idea de lo que ocurrió durante los 60 minutos que pasé con David esa mañana de martes, pero, por primera vez desde que empecé el negocio, sentí un deseo arrollador de tener éxito.

Sólo podía pensar en el deseo que tenía de lograr mis objetivos. Ahora me parecían posibles, no sólo los objetivos del primer año, sino los del tercer y quinto año. Y eso no es todo, parecía que los podía conseguir en 12 meses. "¡Puedo lograrlo!" es lo único que tenía en mi mente, "¡Puedo lograrlo!".

Las dos siguientes noches, apenas dormí. Sin embargo, volví a la realidad cuando el jueves, antes de las 7 de la mañana, me llamaron con 2 cancelaciones; pero, francamente, eso empezaba a no importarme ya. Di por hecho que es parte del trabajo, que la gente es poco fiable. Mis nuevos planes de prosperidad eran la excusa perfecta para ignorar las cancelaciones.

Me llevé otro chasco cuando Richard me llamó a su oficina en cuanto llegué. Richard era el propietario del campo, tenía unos 60 y poco, era bastante esbelto pero calvo, y siempre iba arreglado. Normalmente, Richard no hablaba conmigo a menos que algo hubiese ido mal.

Pete ya estaba sentado en la oficina de Richard.

Los palos de segunda mano, seguro que era eso. Me senté al lado de Pete.

"Señores", empezó Richard, "La semana pasada se hizo menos caja, supongo que tiene que ver con el equipamiento de segunda mano, ¿no?" Miré fijamente a Pete, esperando a que hablara él antes. Pete no dijo nada. Richard me miró, "Hay unos 25 palos sin precio de compra en la lista." Pete continuó callado, "Diría que nos faltan unas $590, y quiero que los dos cubráis el coste." Pete siguió sin decir nada. Me levanté para marcharme; "Vale", dije dirigiéndome a la puerta.

Pete salió detrás de mí y esperé a alejarnos de la oficina de Richard, "Pete, ¿por qué no has dicho nada?". Pete me miró. "Tú fuiste quien perdió la maldita hoja la semana pasada. ¿Por qué no me lo dijiste? ¡Necesito el dinero, idiota!".

Descubrí por qué Pete no dijo nada; no vino a trabajar el viernes… ni el sábado, y el lunes supe que no volvería, había dejado el trabajo y quería asegurarse de que podía conseguir una buena recomendación. A mi me vino bien porque dando las clases de Pete de las siguientes semanas pude pagar el déficit de las ventas de equipamiento.

El martes llegó en un abrir y cerrar de ojos. David escuchó cómo le contaba lo que había pasado la semana anterior. Finalmente, intervino: "¿Qué piensas de Pete ahora, Russ?" Tienes que pasar página. A pesar de que te has beneficiado económicamente de la incompetencia de Pete, sigues aferrándote a algo. Es hora de dejar el pasado y pasar página." Asentí. "¿Quieres que te cuente qué es el coaching de negocios?" Asentí de nuevo. "Soy algo así como un entrenador personal, te enseño todos los ejercicios y te educo en nutrición. Sin embargo, no voy a ponerte los tenis e ir a correr por ti. Además, tienes que estar preparado mentalmente, tener la actitud correcta, ser receptivo al coaching, si no, no servirá de nada. Así que, ¿estás listo para continuar?".

"¡Claro que sí!", dije de la forma más afirmativa que pude, pasmado por cómo David me había subido el ánimo.

"Hoy quiero que hablemos de tu producto. Es algo que no mencionaste cuando nos conocimos, lo cual me sorprendió. Me pareció algo que podemos conseguir que sea un triunfo seguro rápidamente."

La lección de David sobre cómo crear productos

Cuando nos conocimos, me causaste una primera impresión de inmediato, Russ, pero por los motivos equivocados. Me pareciste agradable, porque eres un tío majo. Tu carisma amable y cálido, que no te falta, por cierto, compensó el que te saltaras las normas.

El problema no era el "cómo", porque eres un tutor excelente; lo que más me preocupa es tu proceso de traer clientes a bordo. Yo era un cliente nuevo y me dejaste guiar la venta y la primera clase. La conversación y transacción iniciales son las que preparan el escenario para el resto de la actuación.

Lo que quiero decir con eso es que me hiciste un puñado de preguntas imprecisas sobre mi juego de golf, y nunca me explicaste qué requerían las clases o cuál sería el resultado (la propuesta de valor) una vez que completara el curso. Tu charla comercial ni siquiera se centraba en dar un curso de varias clases, sino en cuándo podíamos empezar.

Me temo que tu entusiasmo puede entenderse como una señal de desesperación, y te da menos credibilidad. Así que hoy, vamos a arreglar eso.

Debes recordar que NO vendes clases de golf. Vendes un resultado, ése es tu producto. Tampoco puedes vender sólo un producto; tienes que ofrecer la posibilidad de elegir. Para hacer esto, y garantizar resultados, debes hacer que tus productos sean especializados y centrarte en un área específica del juego de tu cliente.

La lección más importante es que la mayoría de la gente es más o menos inteligente, ¿no? En lo que refiere a tus productos y servicios, no tienen ninguna inteligencia. Esto significa que tienes que guiar a tus clientes, y NO que te guíen ellos; de lo contrario, tendrán una experiencia muy poco auténtica que se desvanecerá enseguida. Pasarás la mayor parte del tiempo trayendo clientes a bordo, dándoles algunas clases, dejarán de venir a las clases y no volverán más.

Tu producto necesita tener un conjunto de características que ofrezcan a tus clientes un resultado garantizado; tiene que entregarse en un periodo de tiempo determinado y tiene que ser reconocible. A esto se le llama empaque.

Por un minuto, pensé en los clientes que no vienen a las clases y se esfuman. No sabía el por qué hasta ahora. Todo parecía cobrar sentido. "Tienes razón, David, eso es exactamente lo que está pasando. No sé cómo crear productos a partir de las clases, ¿no es un servicio lo que ofrezco?".

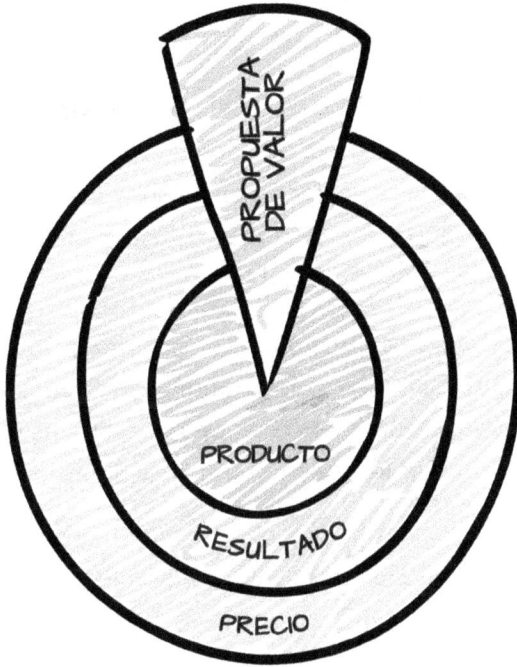

"Sí, es un servicio, pero el modo en que presentas tu servicio y le pones precio es lo que lo convierte en un producto. ¿Has notado que hasta ahora he estado utilizando el hierro 3 en cada clase?", preguntó David. Sí, y pensé que era un poco raro. "Lo he hecho a propósito, lo que peor se me da son los hierros largos. Pensé que si me pasaba las ocho clases utilizando el hierro 3, mi juego de hierros largos mejoraría." Ya lo había hecho; después de tres clases, David ya estaba lanzando tiros más rectos y unas 30 yardas más lejos.

"¿Qué otras áreas del juego te suele pedir la gente que les ayudes a mejorar, Russ?" David se había parado y ahora estaba enfrente mía, mirándome fijamente.

"Lanzar más lejos con el driver, hacer un lanzamiento más

preciso con el driver, bajar la media del putt y el hándicap, y hacer chip por el green", contesté.

Entonces me di cuenta. Los servicios que ofrecía en realidad eran productos; simplemente no los había presentado bien. Incluso el servicio que creía que estaba ofreciendo no era un servicio, sólo estaba vendiendo horas de mi tiempo.

"Ahí los tienes, Russ, esos son tus cinco productos de marcas. Cuando un cliente potencial entre a la tienda, hazle las preguntas adecuadas y ofréceles uno de esos cinco productos. De hecho, no se lo ofrezcas, asesórale sobre qué producto necesita."

"¿Estás diciendo que sólo de un número indefinido de clases que abarquen un área de su juego hasta que el cliente la perfeccione?" Este concepto me incomodaba. El palo que más se utiliza de todos es el putter; se utiliza para el 40% de los tiros en cada ronda. Me paso una cantidad proporcional de tiempo practicando con cada palo para mejorar TODOS los aspectos del juego de mis clientes.

"Sí, y sé lo que estás pensando, el putter es el palo que más se utiliza, y tienes que pasarte una cantidad proporcional de tiempo con cada palo para mejorar el juego en general. Russ, si mejoras un área de su juego, haces que mejore TODO el juego. Y no te olvides, tú eres su entrenador, puedes darle un plan. Dale los consejos, pero déjale que pase el 40% de su tiempo practicando con el putter. No necesitas hacer eso DURANTE las clases", continuó David. "Vamos a concentrarnos en esa palabra, 'indefinido', que has usado. La respuesta es ¡no! ¿En cuántas clases puedes ayudar a alguien a lanzar con un driver

30 yardas más lejos del tee?".

"8 semanas, quizá, si viene a todas las clases".

"Vale, ¿qué más? ¿Cómo puedes hacer que ese 'quizá' sea 'seguro'?".

"Pues tiene que practicar fuera de las clases para que la memoria muscular no se disminuya a los tres días o así."

"Perfecto, ¿cuántas veces entre clases?", siguió interrogándome David.

"Dos, quizá tres; tres si quiere conseguir distancias del tee mayores." Caí de nuevo, "Te entiendo, necesito dar un resultado específico, a lo largo de un tiempo definido, y el único modo de garantizarlo es centrándome en un aspecto de su juego, ¿no?".

"Exacto, Russ; la siguiente pregunta es ¿cómo sabes si tus clientes han practicado entre clases? ¿Puedes pedirles que te manden una foto cuando practiquen entre clases, a lo mejor un selfie en el campo de práctica? David sonrió, haciendo una pose ridícula como si se estuviera haciendo un selfie.

"¡Claro que sí!", dije, "¿Pero cómo sé que no están creando un banco de fotos y mandándomelas desde otro lugar?".

"Gracias a la tecnología moderna, Russ, ¡el GPS y el sello de hora!".

Por primera vez desde que empecé el negocio, me sentía seguro. Una oferta para mis clientes extremadamente específica, y una respuesta a por qué no venían a las clases. Era evidente, ¿cómo no me había dado cuenta antes? Pero bueno, sólo podía estar agradecido de haber visto la luz ahora, qué gran oportunidad.

David y yo nos despedimos, y miré cómo David recogía su abrigo y se dirigía a su Range Rover. Miré su coche de nuevo, "Un día tendré uno de esos", pensé.

Estaba ansioso de probar mis nuevos productos, y no tuve que esperar mucho. A mediodía, dos chicos entraron en la tienda preguntando por las clases. Aproveché la oportunidad, "¿Puedo ayudarles, señores?". Indicaron que estaban interesados en las clases, "Qué área de vuestro juego preferís mejorar?".

"Mi driver es horroroso; tengo un draw en mi driver que no consigo poner bien", dijo el primero. "A mí me pasa más o menos igual", añadió el otro chico, "aunque él siempre me supera... ¡cuando consigue llegar al fairway!", se rieron los dos.

Aprovechando la oportunidad, dije: "Tengo el programa perfecto para vosotros. Un curso de 8 semanas con el que, al terminar, lanzaréis más recto con el driver, y más lejos. ¿Qué os parece?".

"Perfecto," dijeron al unísono, "¿dónde firmamos?" Anoté una clase para los dos en la agenda con un pequeño descuento, $20 por clase durante 8 semanas.

Estaba eufórico, y me sentía en control.

CAPÍTULO 6
VE A POR ELLO

Estaba deseando contarle la noticia a David, así que le mandé un mensaje de texto:

"Hola David, espero que no te importe que te escriba, pero acabo de venderle a dos chicos un curso de 8 semanas, ¡qué te parece! ¡gracias! Saludos, Russ."

David no me contestó hasta pasadas 2 horas.

"Genial, Russ, enhorabuena, ahora estás vendiendo 'productos' y no servicios. ¿Averiguaste por qué quieren que les des clase?".

Me quedé pensando un momento, "No, mierda, recuerdo que David dijo que esto era importante, ¿pero por qué?" Intenté acordarme; escribí otro mensaje:

"Recuerdo que mencionaste algo, pero no estoy seguro de acordarme exactamente, ¿alguna pista?".

"Por supuesto, Russ, tienes que averiguar dos "por qué": 1) ¿Por qué tus clientes quieren mejorar su juego de golf? Y 2) ¿Por qué te eligen a ti? Buena suerte, me voy a NY, ¡a punto de embarcar!".

Bueno, pues esto era un misterio para mí. Nunca había pensado en preguntarle a mis clientes, así que no sabía la respuesta a ninguna de las dos preguntas. Tenía varios días para averiguarlo antes de ver a David de nuevo.

Mientras tanto, mi hermano me llamó para ver si estaba libre el fin de semana para jugar con él y un par de sus amigos del trabajo. De algún modo había podido dejar el sábado libre en mi agenda, y Susan iba a llevar a los niños a ver a los abuelos el fin de semana. Podía salir y jugar al golf para variar, en vez de solamente lanzar algunas pelotas entre clases con los clientes.

Mi hermano y yo empezamos a jugar al golf más o menos a la misma vez. Al ser tres años mayor que yo, era un golfista mucho mejor que yo hasta que llegamos a la adolescencia. Por algún motivo, cuando cumplí los 13, empecé a superarle. Él comenzó a fijarse en las chicas y a jugar al fútbol en lugar de al golf con el pesado de su hermano pequeño. Por fin volvió a jugar de nuevo después de la universidad, pero nunca volvió a tener el nivel que tenía a los 16.

La ronda empezó como de costumbre, con los cuatro reunidos en el primer tee, y mi hermano animándonos a hacer una pequeña apuesta. Quien hiciese la ronda más alta pagaba la cuenta luego. A mí me parecía perfecto, porque nunca he tenido que pagar la cuenta. Yo seguía pensando en la pregunta de David, cuando mi hermano, Stu, metió baza: "Venga, Russ, ¿vas a jugar? Estábamos rifándonos el primer lanzamiento y me tocó a mí, que no es lo habitual.

Me puse a reflexionar sobre mi selección de palos; ¿un driver para llevar los dos bunker a cada lado del fairway, o una madera cinco para dejar a los demás algo fuera de juego pero al mismo tiempo dejarme un hierro cinco para el green?

Alcancé el driver. Hice un par de prácticas de swing, comprobé el aire y caminé hacia el tee. Stu me animó como de costumbre, "¡Venga, Russ!, ¡ve a por ello, tío!, ¡No tenemos todo el día!" Era una broma común entre nosotros: Stu siempre interrumpía mi rutina en el primer tee, lo cual le parecía graciosísimo, pero no le estaba escuchando.

Hice el swing; dio un bonito golpe al hacer contacto con la pelota, y tuve un buen presentimiento. Pude ver la pelota en la parte superior de su arco; súper recta; voló más allá de los bunker... ¡mucho más allá!.

"¡Ala! ¡Qué disparo, Russ! Es... ¡increíble!", dijo Keith atónito. Keith es un compañero de trabajo de Stu. "Eso tienen que ser 300 yardas, ¿no?" Cuando Stu me pasó de camino al tee, me chocó el puño, "¡Un driver cojonudo, hermanito!".

Stu y Keith se alejaron del fairway; su otro colega, Simon, se me acercó, "Oye, Stu dice que eres un profesional del golf". Asentí. "Ese driver ha sido increíble; tenemos un torneo benéfico en un par de meses, y bueno, ya has visto mi driver. El director de la empresa va a estar ahí, y no quiero hacer el ridículo. Si pudiese golpear la pelota la mitad de bien que tú, sería feliz." Le expliqué mi paquete de 8 semanas y le pregunté si era la distancia o la precisión lo que quería mejorar, aunque sabía que era la precisión, dado que nos estaba resultando difícil encontrar su pelota. Cuando llegó el momento de explicarle el precio del paquete, pareció algo sorprendido, "¿En serio?, ¿cuánto?".

"¿Es muy caro?", solté de inmediato.

"¡No, Russ! Muy barato, tío, demasiado barato." Y añadió: "Si consigues que mi driver sea como el tuyo en ocho semanas, ¡te doy un riñón!".

Entre los hoyos cuatro y cinco, lo vi claro. Había encontrado las respuestas a las preguntas de David, y sonreía de oreja a oreja. La respuesta era obvia. Ese choque de puño que mi hermano me dio; el reconocimiento silencioso que un jefe te da; Simon queriendo impresionar a su jefe; las dos sencillas palabras que Keith pronunció: "¡Qué disparo!". El reconocimiento por jugar mejor de lo que uno puede. Por eso la gente quiere jugar al golf.

Si practicas y te vuelves bueno en algo, se hace más divertido. Te sientes satisfecho al sentir que el disparo ha sido perfecto, y al sentirte completamente en control de tu swing, puedas crear ese sentimiento una y otra vez.

Me dirigí a Simon de nuevo, y esperé a que sacase su pelota del bunker antes de preguntarle, "¿Por qué yo, Simon? Hay muchísimos profesionales de golf buenos, ¿por qué me eliges a mí y no a ellos?".

"Está claro, Russ, tú eres el hermano de Stu, y él sólo habla de lo buenísimo que eres en el golf. Además, tu estrategia es fantástica, un simple programa de ocho clases. Me encanta el hecho de que al final de las ocho semanas hay un resultado garantizado. Yo no me lo pienso dos veces."

Siempre me ha resultado difícil tener seguridad en mí mismo. Nunca había perfeccionado mi juego o participado en torneos de prestigio, sólo me inscribía en los torneos donde tenía mucha posibilidad de ganar. Que me llamen 'el mejor' me incomoda. Siempre me he sentido orgulloso cuando algún cliente obtiene buenos resultados y mejora su juego. Nunca he sentido que soy bueno a pesar de que otros me lo dicen.

¿Qué fue lo que Stu dijo en el primer tee?

Ve a por ello. ¡VE A POR ELLO!

Tenía razón; había ayudado a otros durante mucho tiempo, pero nunca había sido yo el que jugaba. "Ir a por ello" no tiene que ver con mi éxito, sino con ayudar a mis clientes, y siempre he elegido el camino fácil para todo. No soy el mejor, pero nunca estaba intentando serlo.

Si me esforzaba por ser el mejor, entonces podría enseñar a mis clientes cómo ser los mejores y hacerles partícipes de mi trayectoria. El objetivo no tiene nada que ver con el golf, sino con motivar a los demás a que sean los mejores; enseñarles lo que pueden lograr.

¡VE A POR ELLO!

Le escribí a David, "¡Lo tengo! 1) Porque quieren disfrutar más del juego y conseguir reconocimiento y 2) porque puedo motivarles a esforzarse por ser los mejores golfistas que puedan ser. ¡Esos son mis 'por qué'!".

David tardó una eternidad en contestar.

"Ahí lo tienes, Russ, ¡ése el 'por qué' de lo que haces! Nos vemos el martes."

CAPÍTULO 7

GANA MÁS DINERO

Contentos después de la ronda de golf, Keith, Stu y Simon fueron directos al bar. Simon no paraba de bromear; había conseguido una tarjeta malísima de 96, así que, sin lugar a dudas, nos iba a pagar el almuerzo y las cervezas. La única vez que tuve que pagar una ronda fue cuando me olvidé los palos y el único equipo que Stu pudo encontrar, por lo visto, fue uno para zurdos. Aún así estaba a tan sólo un tiro detrás de Stu después del décimo-octavo.

Mientras Simon pedía las bebidas en el bar, Richard entró con algunos de sus amigotes. Con razón me pareció ver su coche en el aparcamiento. Al instante, se dirigió en línea recta hacia mí, colocó su mano en mi hombro, y con orgullo me presentó a sus amigos, "Chicos, quiero presentaros, éste es uno de mis lacayos, Russell. Ahora está a tope de trabajo porque Pete, el otro profesor, se largó ¡y nos ha hecho una faena!", se rió. Le lancé una mirada, y todos sus colegas se movieron para estrecharme la mano. "¿Quién invita, Russell? ¡Ah! ¿Es ése el escurridizo de tu hermano? ¿Cómo va eso, Stu?".

Stu forzó una sonrisa y continuó ayudando a Simon a llevar las bebidas a nuestra mesa.

Entonces Richard, sin una pizca de discreción, me dijo:

"Russell, la próxima vez que vengas, ¿puedes pasarte por la oficina?, quiero hablarte de los precios." Esa frase significaba que los iba a subir, otra vez, por segunda vez este año.

Cuando nos sentamos todos, Stu se acercó a mí, "¡Qué gilipollas! No me puedo creer que todavía estés trabajando para ese idiota. ¿Has buscado ya otros campos?" Había mirado un poco por la zona y vi un campo de prácticas de camino al trabajo que podía ser una posibilidad. "Sí, hay un campo de prácticas a las afueras de Thame que sería perfecto. Estoy pensando cómo llevarme a todos mis clientes sin enfadarles mucho." Stu alzó su vaso, "Parece un plan perfecto, hermanito, la vida es muy corta como para trabajar con payasos como ese. Salud."

Simon y Keith se unieron, y todos brindamos a la vez, "¡Por los payasos!".

Volví a casa justo después de las 6.30 de la tarde, y sorprendentemente, no se oía nada cuando entré por la puerta. Susan me saludó enseguida.

"¡Ala, cariño!" Estaba pasmado, "¡Estás preciosa!" Susan llevaba un bonito vestido azul de encaje, se había maquillado y alisado el pelo, enseñaba las piernas, y estaba deslumbrante. "¿Vas a salir?" "¡Shhhh!, ¡Silencio, cariño!", dijo Susan gesticulando, "Los niños están en la cama dormidos y tu madre viene en 10 minutos a hacer de niñera. No voy a salir; vamos a salir."

Ya no me acordaba de la última vez que salimos. No porque no nos lo pudiéramos permitir, sino porque muchas veces, tanto Susan como yo, estábamos agotados y en la cama a las

9 de la noche. Subí las escaleras como un rayo y me puse la camisa que Susan me había planchado y colocado en la cama. Me eché un poco de Hugo Boss y me peiné un poco para estar medio presentable. Cuando bajé, mi madre ya había llegado; le di un beso rápido y nos despidió con su típico "¡Pasadlo bien, chicos!"

"¿Dónde vamos?", pregunté mientras Susan me guiaba fuera. "Sólo vamos al italiano de aquí al lado, cariño, pensé que lo pasaríamos bien. ¿Cómo te ha ido la ronda hoy?"...

El fin de semana ya era cosa del pasado, y antes de darme cuenta, era martes. Esperaba ansioso a que David llegara para ponernos manos a la obra. No podía creer lo rápido que habían pasado las últimas seis semanas y lo mucho que había cambiado todo en tan poco tiempo. Se lo comenté a David cuando llegó.

"El tiempo vuela, ¿eh, Russ? Me pasa siempre con los clientes. Tengo un dicho, que es: Uno sobrestima lo mucho que puede conseguir en un mes, pero subestima lo mucho que se puede lograr en un año. Imagínate dónde podrías estar en 12 meses, Russ." David tenía razón, no me podía creer lo lejos que había llegado. "David, ¿por qué es eso? ¿Por qué he podido hacer tanto en tan poco tiempo?".

"Es sencillo, Russ, sólo te has centrado en una cosa, en crear mejores sistemas y procesos para tu negocio. Estabas muy ocupado centrándote en demasiados detalles pequeños, apagando fuegos, podría decirse. Y espero que no te moleste que te diga que te estabas centrando demasiado en ti y no en tus clientes. Ahora que te estás centrando más en lo que tus clientes quieren, tu negocio puede prosperar."

Para variar, David tenía razón. Mientras volcaba el cubo de pelotas para que David comenzase, le pregunté, "¿Cuál es el plan para hoy?".

David trajo una pelota a sus pies con la cabeza del palo y la colocó en el tapete; "¿Cuál es tu mayor reto ahora que hemos creado productos y has atraído a algunos clientes?".

Me paré a pensar un momento mientras David practicaba algunos swing.

"¿Cómo gano más dinero?".

David me miró, "¡Mi tema favorito, Russ!".

La lección de David sobre los 3 errores comunes al fijar precios

El primer error común a la hora de fijar precios es cobrar los servicios por horas. Por ejemplo, un negocio está cobrando $25 la hora. ¿Por qué es un error? Como dueño de un negocio nuevo, seguramente hayas estudiado el mercado poco, o nada, y cobras lo que te parece adecuado y lo que consideras que vales tú.

Innumerables veces doy con empresarios que se infravaloran; siempre puedes cobrar más por tus productos y tus servicios.

Si cobras por horas, nunca podrás recuperar esas horas. Una vez que te has vendido por una hora, por $25, nunca podrás recuperar esa hora. Tienes que maximizar tu potencial de ingresos por cada hora que trabajas. Siempre puedes ganar más dinero, pero nunca puedes ganar más horas; por tanto, vender una hora de tu tiempo es como vender tu alma.

Si cobras una tarifa por hora, comprueba cuánto pides y cuántas clases puedes dar. Si siempre estás ocupado y dando un servicio 40 horas a la semana, puede que sea momento de subir tu tarifa por hora o introducir una tarifa por día para proyectos nuevos.

El segundo error es cobrar lo que los demás cobran.

¿Cómo sabes que lo que los demás cobran es la cantidad adecuada? La respuesta es: no lo sabes. Aunque tus competidores cobren todos el mismo precio, puede que estén todos equivocados. Tienes que cobrar según el valor del resultado que puedes conseguir para tus clientes, y poco a poco añadir más valor para ofrecer un servicio de mayor calidad y cobrar más.

Puedes tantear el mercado poniendo un precio para ver si hay resistencia. Voy a ponerte un ejemplo y quiero que te preguntes si has cometido este error:

Diez personas quizá compren tu producto, y la mayoría está contenta con el resultado, pero hay un posible cliente que te dice: "Jolín, David, eso es caro".

¿A quién solemos escuchar? Exacto, a la única persona que ha dicho que tus productos y servicios son caros, no a las diez personas que los compraron al precio que fijaste. No reacciones a la opinión negativa de una persona, escucha la opinión positiva que obtienes y recuerda cuántos productos y servicios ya estás vendiendo.

Esto me lleva al tercer error común a la hora de fijar precios: No ser lo suficientemente valiente cuando piensas en subir los precios.

Cada vez que reto a mis clientes a subir sus precios, inmediatamente se forman una imagen mental de todos sus clientes yéndose en manada.

Tus clientes están recibiendo un producto o un servicio a un precio determinado, así que si subes los precios, sí, vale, algunos clientes no van a estar contentos y puede que se vayan. Para tranquilizar a tus clientes, puedes subir los precios gradualmente o añadir más valor, para que no les perjudique mucho.

No te preocupes, si a tus clientes les apasiona tu producto o servicio, no se irán y apoyarán tu negocio cuando subas los precios. Y no nos olvidemos de que tus clientes potenciales todavía no conocen tus precios, así que puedes cobrarles lo que quieras, dentro de lo razonable.

Russ, al presentar tus productos en paquetes, ahora puedes evitar los tres errores cobrando lo que quieras por tu programa de ocho semanas.

La siguiente pregunta era obvia, "Entonces, ¿cuánto crees que debería cobrar por mi curso de ocho semanas, David?"

David se apoyó en el palo y me miró a los ojos, "¡Adivínalo, Russ!".

Me exprimí los sesos. Como de costumbre, David ya sabía la respuesta; y normalmente era obvia. Milagrosamente, me vino la inspiración, "El cheque que me diste; $595. ¿Crees que puedo cobrar $595 por ocho clases de golf? Eso es una locura. Nadie de la zona cobra tanto por las clases. ¡Ah! Los tres errores de fijación de precios, $25 la hora. ¿Cómo sé que los competidores cobran lo correcto?

"Eso es", dijo David, "¡Y sé valiente!".

CAPÍTULO 8
FIRME AQUÍ ABAJO

"¿Qué diablos haces, Russ?", Susan me miró desconcertada. No me extrañaba, eran las 5 de la mañana del sábado. Fuera, todavía era de noche, y me estaba poniendo mi ropa de ciclismo después de dos años, por lo menos.

"Sólo voy a darme una vuelta rápida con la bici, cariño. Mis dos clientes nuevos no tienen clase hasta las 10, así que quería hacer unas millas antes de irme a trabajar."

Ya estábamos a mediados de diciembre y sólo hacían 4 grados fuera. Respiré profundo mientras salía por la puerta y por un momento pensé: "¿Qué diablos estás haciendo, Russ?"; me dirigí a la cochera para sacar la bici y el casco.

Cuando Elena nació, solía darle la toma de las 4 de la mañana y subirme directamente a la bici justo después, porque normalmente dormía hasta eso de las 7; pero esa libertad que una vez tuvimos pareció disiparse cuando nació Jacob. Se ponían de acuerdo para mantenernos despiertos a Susan y a mí por la noche. Me encantaba salir con la bici por la mañana temprano, y ahora que había encontrado mi nueva libertad en el trabajo, había recuperado un poco más de tiempo. Cada vez me sentía más seguro de hacer más cosas de las que solía hacer sin temer el impacto que podía tener en Susan y los niños.

Mientras pedaleaba en la oscuridad, acompañado del resplandor de las luces que acababa de cargar, volví a sentirme como en la infancia; como cuando, de niño, tenía esos proyectos y aventuras. Enseguida me levanté del sillín y pedaleé rápido hasta salir de la ciudad y llegar a las afueras.

Dos horas y 35 millas después, volví a casa un pelín cansado. Tenía las manos negras de cambiar las ruedas después de un doble pinchazo. No obstante, la experiencia de cambiar las cámaras fue interesante. Un coche fue a adelantarme pero vio que me costaba pedalear; entonces, dio marcha atrás para colocarse detrás mía y encendió las luces altas. Le conté la historia a Susan mientras desayunábamos, y pude notar cómo se le contagiaba mi entusiasmo, "¿Puedo salir a correr cuando vuelvas esta tarde, Russ? Será divertido."

"¿Qué diantres has estado haciendo?", me preguntó David mientras me las arreglaba para recoger su cubo de pelotas.

"Montar en bici, David, quizá hay ido demasiado lejos, porque hace mucho de la última vez que salí. Sólo hice 35 millas y ayer apenas podía andar, y ni que hablar de dar una clase." Me dolía todo el cuerpo, pero esto me ha hecho darme cuenta de que necesito comprometerme a hacer ejercicio más a menudo para estar en forma. Estar en forma ayuda a que el juego de golf sea mucho más fácil. "Tengo que hacer más ejercicio. Siempre he pensado que lo haría aquí en el campo, pero la mayor parte del tiempo simplemente estoy de pie dando clase sin moverme."

David se rió por lo bajo, "¡Russ!, a estas alturas, deberías saber que necesitas organizarte el tiempo un poco mejor. ¿Puedes venir en bici al trabajo?, ¿o salir un poco antes e ir a correr?

Aún mejor, cuando ganes algo más de dinero, da una clase menos al día y pasa algo de tiempo centrándote en tu juego y en estar en forma."

"Haces que parezca tan simple, David, todavía no estoy seguro de pedir $595 por ocho clases, parece demasiado", respondí de forma pesimista.

"¡Russ, Russ, Russ! Sólo hay un modo de saberlo."

La lección de David sobre cómo dar una charla comercial de tus productos y hacer que los clientes se comprometan

Puede que conozcas el dicho de "Hecho es mejor que perfecto". Bueno, esto es una versión simplificada de las lecciones que Eric Reis da en su libro El método Lean Startup. Son muchos los emprendedores y empresarios que pasan semanas, meses o incluso años perfeccionando un producto antes de lanzarlo al mercado. Para entonces, han ignorado el crear una clientela para sus productos y cuando los lanzan, nadie los quiere.

Reis sugiere obtener las valoraciones a lo largo del desarrollo del producto e invitar a 'innovadores tempranos' a probar el producto durante el proceso para que den valoraciones a tiempo real acerca de cualquier problema que tengan o de las características que falten.

Imagínate que tardas 12 meses en perfeccionar tu programa

de golf para que luego descubras que nadie lo quiere, por cualquier razón. Sin embargo, si das una charla comercial sobre una versión básica de tu programa de golf y lo lanzas en un mes, puedes tantear el mercado inmediatamente. Cada mes mejoras el curso, algo así como lo que Steve Brailsford hizo con el equipo de Sky Cycling para preparar las Olimpiadas de 2012. Introdujo un sistema de 'ganancias marginales'; si quitamos un gramo de aquí, nos ahorrará un segundo allí.

Vivimos en una era fabulosa en la que tenemos la oportunidad de vender una mera idea sin tener ningún producto o prototipo físico. Puedes comprar una entrada a un evento de profesionales de la zona y vender tu idea a la primera persona que conoces. Vender una idea es, principalmente, un 'estudio de mercado'. Pongamos que a la primera persona no le gusta la idea; lo que hacemos entonces es modificar tu charla comercial y a la segunda persona le gustará, e incluso puede que te pregunte "¿Podemos quedar para un café? Me encantaría que me contases más."

"Entonces escuché la voz de Richard a lo lejos, "¡Russ, Russ!", me giré, "¿Podemos hablar?".

"Richard, ¿podemos hablar luego, por favor?, estoy con un cliente", dije firmemente.

"¡No! Acabo de oír que diste clase a un grupo el sábado, y eso no es lo que acordamos. Y eso no es todo, se supone que tienes que mandarme a los clientes nuevos para hablar de la membresía. He visto sus nombres en recepción y a ninguno se le ha dado cita. De hecho, ninguno de tus clientes ha venido a verme este último mes... ¿qué diablos está pasando?".

"Richard, por favor, estoy con un cliente", le dije llevándole a un lado para que David no escuchara.

"Vamos, ¿qué está pasando?"

"Richard, nuestro acuerdo era que te pagaría una tarifa por hora por cada clase reservada y que ofrecería a los clientes el folleto de la membresía para que lo miraran. El 'grupo' al que di clase eran dos amigos que querían una clase conjunta. ¿Cuál es el problema?".

"¿Es que tengo que hacerlo todo yo? Más vale que vendas alguna maldita membresía, o te vas, ¿te queda claro?" Richard se dio media vuelta y se largó. Volví hacia David y vi cómo lanzaba con un hierro 3 y la pelota fue derecha al centro del campo de prácticas. "Increíble, David, no tengo nada que decir, ¡ha sido perfecto!".

"Tengo un buen profesor, Russ. ¿Quién era ése?".

"Nadie, bueno, Richard, el dueño del campo". Le gusta incordiarme de vez en cuando. Creo que tiene que ver con su ego."

"Voy a tener que decirle una cuantas cosas", David me guiñó el ojo; a ver, ¿dónde estaba?".

Vale, ya tienes una serie de productos que ofrecer a tus clientes potenciales; tienes un resultado garantizado para ellos a lo largo del curso de ocho semanas, siempre y cuando practiquen, y, por último, tienes un precio fijo por dar el resultado acordado. Ahora lo único que necesitas es un modo de hacer que tus clientes potenciales se comprometan desde el principio, algo que les obligue a comprometerse al 100% y les advierta de que, si no hacen lo que han acordado contigo, no obtendrán el resultado deseado.

Has creado un producto que ahora puedes vender, pero que necesita formalizarse de algún modo convirtiéndolo en un folleto o un contrato.

Entonces, David saca un cuaderno de su bolsa, lo abre en una página en blanco y empieza a dibujar algo.

Cuando alguien completa una inscripción como ésta, no sólo se están comprometiendo contigo, sino con ellos mismos. Es un compromiso que explica que, si no hacen todo lo que se acuerda en el contrato, no podrás ofrecerles una garantía de devolución total del importe.

Muchos empresarios se niegan a hacer esto, y el motivo principal es que les falta transparencia y seguridad en sus productos y servicios. Por tanto, si no están seguros de sus productos, ¿cómo van a poder demostrar esa seguridad a sus clientes potenciales?

Cuando escribes tu 'charla comercial' en un papel blanco con tinta negra, hace que el servicio sea tangible. Así es cómo se convierte un servicio en un producto, cómo se suben los precios y cómo se crea seguridad en lo que ofreces. Haz que el cliente potencial se comprometa a ti, y no al revés, porque ese compromiso ya lo ofrece el servicio que ofreces.

Increíble, parecía demasiado fácil para ser verdad. No sé por qué nunca le había pedido a la gente que firmara un contrato. "Una pregunta", dije, "¿Qué pasa si le enseño la solicitud de inscripción a un posible cliente y me dice que es muy caro?".

"Muy sencillo, Russ, no tienes que imprimir cientos de solicitudes. También debo subrayar que, puede que me equivoque, pero tienes que dar tu charla comercial para conseguir las valoraciones que he mencionado antes. Te sugiero que quizá imprimas diez copias y lo pruebes en las primeras diez personas que entren a la tienda preguntando por las clases." David continuó: "Si las diez dicen que es demasiado caro, puedes ajustar el precio; pero lo que sí quiero que hagas es que pongas esta oferta a diez personas y veamos lo que pasa."

Me paré un momento para leer detenidamente la solicitud de David, "¿De verdad mencionaste una garantía de devolución total del importe?".

"Sí, eres un profesor excelente, una garantía de devolución total del importe es una gran forma de demostrar la seguridad que tienes en tus productos sin que suene a truco. Además, yo introduciría un proceso sencillo de autoevaluación para que tus clientes decidan si su juego ha mejorado o no en ocho semanas. Te sugiero que les pidas que completen una evaluación sencilla de diez puntos al principio y al final del curso. Si ponen alguna objeción al resultado, siempre puedes enseñarles la solicitud de autoevaluación que completaron, la cual te garantizo que mostrará una mejora en los resultados."

"Genial, me has convencido. Voy a imprimirlas y ha intentarlo, David. Esto es oro en polvo, ¡gracias!".

"Simplemente estoy haciendo mi trabajo, Russ". David me ofreció su cuaderno para hacer una foto de la solicitud de inscripción.

RHA GOLF

① Resultado

☐ Lanzar con drive 30 yardas mas lejos ☐ Llegar al fairway ☐ Bajar el hándicap hasta 10

☐ Hacer chip por el green ☐ Bajar la media de putting

② Me comprometo a:

☐ Asistir a las 8 clases ☐ Practicar 3 veces a la semana entre clase

③ Precio: $595 - Pagar integramente por adelantado para el programa de 8 semanas

④ Firma y fecha:

Nombre:

Firmado: Fecha:

CAPÍTULO 9
¡INCREÍBLE!

Le di a Ctrl+P y la impresora se puso en marcha.

Entonces, diez copias de mi nuevo folleto salieron de la vieja impresora que está debajo de la mesa de recepción. Parecía que la tinta negra se estaba acabando, pero hecho es mejor que perfecto. Metí los folletos recién impresos en una carpeta y los coloqué debajo del mostrador. Me aseguré de no escribir nada en la carpeta; si Richard encontraba las solicitudes nuevas, no cabría duda de que me incordiaría hasta que le dijese para qué eran, y cuando descubriese lo que estaba cobrando, seguramente me pediría más dinero.

Haría tantas cosas con el campo si Richard no estuviera o, mejor aún, si yo fuese el dueño. A lo mejor ése debería ser un de mis objetivos más adelante, comprarle el campo a Richard y hacer todas las cosas que quiero hacer con él.

El timbre de la puerta me despertó del sueño; una persona había entrado a la tienda. No había parado de llover toda la noche y esta mañana, así que tuve un par de cancelaciones. Una de las cosas que cambiaría del campo es añadir un segundo nivel de puestos en el campo de prácticas y cubrirlos, así al menos la gente no tendría excusa para cancelar las clases.

El chico se dirigió hacia mí, "Hola, busco a Russ".

"¡Ese soy yo!", dije.

"Perfecto, quiero dar algunas clases. Estuve de bares con Simon la semana pasada y me recomendó que viniera a verte. Dijo que eres el mejor profesional de la zona."

"Genial, ¿cómo te llamas?", le pregunté.

"Ed, encantado de conocerte", nos dimos la mano.

"Un placer, Ed. ¿Qué quieres mejorar en particular con las clases?", comencé mi charla comercial. Sentí como si fuese una charla nueva. Me sentí diferente, me sentí ilusionado. Le hice preguntas específicas a Ed y le expliqué los cinco productos. "¿Entonces quieres bajar tu hándicap? ¿Qué me dirías si te dijese que puedo hacer que lo consigas en ocho semanas con mi paquete de marca 'Baja tu hándicap a 10'?" Me callé después de hacer esa pregunta, como David me dijo.

"Suena bien, ¿cuánto cuesta?", respondió Ed. Se me empezó a hacer un nudo en el estómago.

"El programa de ocho semanas cuesta $595, que puede parecer caro por unas clases, pero ofrezco una garantía de devolución total del dinero, y si al final del curso no estás satisfecho o no sientes que has logrado tu objetivo, te devuelvo todo el dinero." Me callé de nuevo mientras alcanzaba los folletos de debajo de la mesa, intentando mantener contacto visual con Ed.

Ed se paró a pensar un momento, "¿Tiene truco?".

"No hay truco; es muy sencillo, lo único que te pido es que te comprometas con el programa durante las ocho semanas completas." Coloqué un folleto en la mesa, de cara a Ed, "Tienes que acordar venir a las ocho clases, además de practicar al menos dos veces entre clases. De lo contrario, pierdes la garantía." Esperé de nuevo, en silencio, una respuesta.

Ed hizo cuentas en su cabeza durante una eternidad. Finalmente, agarró un bolígrafo de la mesa y firmó en la parte de abajo de la hoja. Así de fácil. No, ¿cómo puede ser tan fácil? Lo es; acaba de firmar. El pago, ¡EL PAGO!

"¿Cómo te pago, Russ?", preguntó Ed.

Saqué el lector de tarjetas de crédito y lo conecté a mi teléfono, agarré la tarjeta de Ed, la metí en el lector y tecleé 5-9-5-0-0. Ed introdujo su número pin y el icono de estado del lector se volvió verde. Ahí lo tienes, $595 derechitos al banco.

"Gracias, Ed, aquí tienes tu tarjeta. Vamos a reservar tu primera clase."

Cuando terminé el sábado, ya había conseguido que dos clientes más se apuntarán al curso nuevo. Además, se habían comprometido por escrito a venir a todas las clases, sin mencionar que el pago anterior ya había llegado a mi cuenta bancaria. Esto parecía un juego, y yo estaba ganando.

En una semana, había conseguido tres clientes por más dinero del que había ganado en todo el mes anterior. Le escribí un mensaje a David, "Eres un genio, David, he inscrito a tres clientes nuevos en sólo esta semana. Y dos clientes se han llevado las solicitudes para pensárselo."

"¡Enhorabuena, Russ! Es un placer. Después de todo, uno consigue lo que pide, y pediste $595 por dar un curso de ocho semanas."

Después, me llegó otro mensaje.

"Por cierto, quiero que pienses por qué te está saliendo bien todo esto. Aquí tienes un video que quiero que veas antes del martes."

El mensaje tenía un enlace a un vídeo de la página web de David. En el vídeo, David estaba sentado en un despacho con paredes cubiertas de madera, y detrás de él había un escritorio de madera grande enfrente de la cámara.

La lección de David acerca de la trayectoria del cliente

Digamos que la mayoría de la gente es más o menos inteligente; pero cuando se trata de tus productos y servicios, no lo son en absoluto. Tus clientes potenciales pueden creer que saben lo que haces; sin embargo, puedo garantizarte que no tienen ni idea de lo que tus productos hacen, cómo trabajas, o cómo funcionan tus sistemas y procesos. No tienen ni idea de cómo entregas tus productos y/o de que el tiempo que tardas en entregar tus productos y servicios está relacionado con cuánto cuestan. Sobre todo, no tienen ni idea de si tu producto o servicio es lo que necesitan o qué significará para ellos el resultado de utilizarlo.

Para superar esto, tienes que crear algo conocido como "la trayectoria del cliente". Durante la trayectoria del cliente, agarras a tu posible cliente de la mano y le llevas por todo tu proceso, desde la reunión inicial hasta la entrega del producto, así como el cuidado después de la compra y el apoyo. Si le sueltas la mano en cualquier momento durante este proceso, es muy probable que pierdas al cliente.

En ventas, sólo tienes que recordar tres palabras: conocer, gustar y confiar.

Tus clientes potenciales pueden conocerte a través de vídeos, tu página web, eventos y redes sociales, pero no puedes llegar a gustarles o hacer que confíen en ti hasta que te sientas con ellos cara a cara. En la era de internet, parecemos querer saltarnos el café y llevar a los clientes derechos a la venta, pero esto no es un buen modo de forjar relaciones duraderas y fiables con tus clientes.

El objetivo del juego, cuando alguien te conoce por primera vez, es llevar a tu posible cliente a tomar café. Durante el primer café es primordial hacer las preguntas adecuadas.

La semana pasada, estaba asesorando a un cliente y escuché por casualidad una conversación entre un vendedor y el gerente del hotel. Durante los primeros quince minutos de la conversación, el vendedor no le hizo ninguna pregunta sobre él, el hotel o sus objetivos. La reunión acabó con un "¡No! No es el momento, gracias." ¿No te parece que, si el vendedor hubiese hecho más preguntas, quizá al gerente del hotel le hubiese gustado el vendedor y habría confiado más en él?

Recuerda, tus clientes potenciales no tienen ni idea de tus sistemas, procesos, o de los resultados que tus productos o servicios dan; por eso es primordial que exista un compromiso. Con un contrato, el posible cliente se compromete a tu sistema o proceso. Aunque no lo entienda del todo, su cerebro le está diciendo: "Confía en el proceso".

La trayectoria del cliente no termina cuando se termina la venta, todavía quedan dos pasos más que completar. El primero es entregar un producto de la misma calidad que prometiste en tu charla comercial y en tu contrato. Finalmente, una vez que entregas el producto, DEBES, por encima de todo, tener un proceso de seguimiento para asegurarte de que tu cliente esté contento durante un periodo de tiempo posterior a la entrega del producto. Se puede estar arrepintiendo, y cortar esto de raíz antes de que deje una crítica negativa puede salvar tu reputación.

Empezarás a darte cuenta de que hacer negocios es simplemente un juego. Digo un juego porque los juegos son divertidos, y hacer negocios es divertido cuando haces que lo sea. Los juegos tienen reglas a la que se tienen que atener todos los jugadores. Cuando tu trabajo es tu pasión, el éxito está definido; tú eres quien pone las reglas de tu negocio. No se define por cuánto trabajas para hacer que el negocio funcione.

El reto que propongo a quienes estén viendo este vídeo es ponerse manos a la obra ahora y hacer un mapa de la trayectoria perfecta de vuestro cliente. Dibujadlo como un diagrama de flujo, para que podáis ver cada uno de los pasos que da vuestro cliente. Ved cómo se forja la relación entre paso y paso.

Cuando recibes una crítica mala, o cuando un cliente no está contento con el servicio que le has ofrecido, échale un vistazo a la trayectoria del cliente; ¿le guiaste por cada paso de la trayectoria?

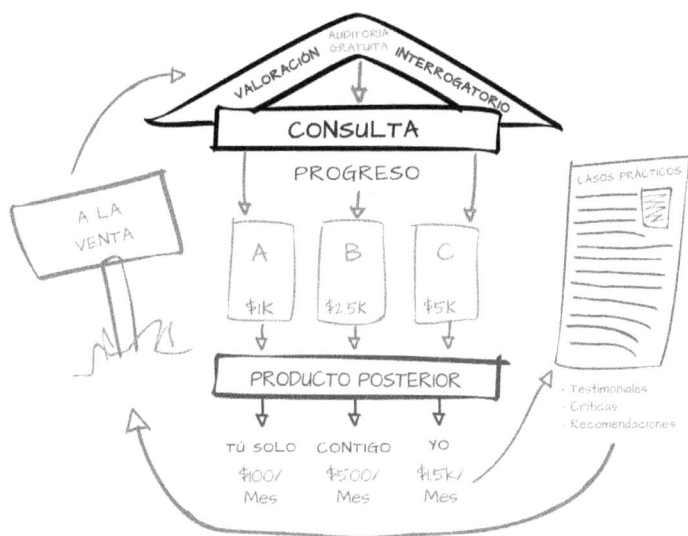

Entonces me di cuenta de que me había olvidado de muchas cosas en la trayectoria del cliente. Uno de los amigos de Stu me había comentado lo increíblemente poderosas que eran las críticas en los negocios, y nunca llegué a entender el por qué, pero ahora lo pillo, para protegerse de la sociedad. Había ignorado algunas de las críticas malas, mayormente por razones de ego, pero no me había parado a pensar en el impacto negativo que podían tener en mi negocio.

Bueno, era hora de ponerme a ello; empecé a dibujar mi trayectoria del cliente como pidió David. Entonces, vi claramente que los clientes que habían dejado de venir o habían dejado críticas malas no habían completado todos los pasos de la trayectoria.

Era obvio; al sistematizar mis clases de golf, las había convertido en un producto; la claridad del producto hace que mi servicio sea tangible con un resultado definido y, por consiguiente, ahora podía cobrar más porque estoy "prometiendo' un resultado a mis clientes en lugar de simplemente darles clases de golf.

CAPÍTULO 10
POLVO DE HADA

Habían pasado tres meses desde que David acabó sus clases, y el negocio no paraba de crecer. Estaba vendiendo constantemente de 8 a 10 productos al mes y había podido limitar mis horas de trabajo a un máximo de cinco días a la semana, aunque a veces trabajaba algún sábado. Incluso estaba considerando subir los precios.

La tranquilidad había llegado a la casa de los Hibbert, los niños parecían calmados y contentos, y Susan estaba radiante. Ahora estaba sentada a la mesa de la cocina ojeando los contratos para la hipoteca; íbamos a mudarnos de casa, a un sitio que estaba un poco más cerca del nuevo campo donde ahora trabajaba a las afueras de Oxford.

Yo estaba ocupado haciendo café, preparando los cereales de los niños y unas tostadas de mermelada para Susan.

Mi teléfono sonó y Susan me miró mosqueada. Tenemos la norma de no usar tecnología durante las comidas.

"Es un antiguo cliente, Simon, ¿te importa si contesto, cariño?, le pregunté.

"¡No! Venga, contesta, yo me encargo del desayuno", contestó a regañadientes mientras yo salía de la cocina hacia el pasillo.

"Simon, ¡qué pasa, tío! ¿Cómo va tu juego?".

Volví a la cocina.

"¿Qué Simon era?", preguntó Susan, "¿el amigo de Stu del trabajo?".

"Sí, cariño, con noticias estupendas. ¿Te acuerdas que hizo mi curso de 'Lanza con un driver 30 yardas más lejos' en noviembre?" Susan asintió. "Pues ahora me acaba de pedir que le apunte a otro curso, el de 'Baja tu hándicap hasta 10'. Es increíble, no he tenido que venderle nada, simplemente me ha preguntado cómo me paga y cuándo puede empezar, ¿no es alucinante?".

Alcancé mi teléfono otra vez.

"¡Oye! Deja el teléfono", dijo Susan seria.

"Sólo déjame que le escriba a David; le va a hacer ilusión. No me lo creo." Daba saltos de alegría como un cachorrito detrás de una pelota.

David no se tomó su tiempo para contestar, como solía hacerlo; esta vez no me hizo sudar unas horas hasta recibir su mensaje, sino que me llamó de inmediato.

 "¡Russ! ¡Qué buena noticia! A eso le llamo 'polvo de hadas'. Yo ni siquiera había pensado que tus clientes querrían hacer varios cursos, pero tiene mucho sentido, ¿no? A Simon le distes exactamente el resultado que le prometiste, y, como arte de magia, ya tienes un cliente de por vida." David parecía tan emocionado como yo.

Mientras hablaba con David, me llegó otro mensaje. Lo miré por encima: "¡Ja! David, me acaba de llegar otro mensaje, es de Simon, ya me ha pagado."

"Fenomenal, Russ, me alegro mucho por ti. Tenía pensado llamarte y ver qué tal estabas, así que me has escrito en el momento oportuno. ¿Nos tomamos un café la semana que viene? Yo invito. Me gustaría charlar y ver cómo te ha ido todo estos últimos meses."

"Trabajo casi toda la semana que viene, pero ¿qué te parece si te pasas el jueves o el viernes, lanzamos algunas pelotas y almorzamos después? Ah, y ahora estoy en un campo nuevo, por cierto. Richard y yo tuvimos un pequeño… altercado. Teníamos ideas diferentes sobre cómo mejorar su campo… Lo dicho, ¡estoy en el campo nuevo!".

A David le pareció bien el plan, y quedamos para el viernes siguiente.

La tormenta nos hizo buscar cobijo en el refugio de la casa club del nuevo campo. Con suerte, pudimos practicar 50 minutos antes de que comenzara a diluviar. La tormenta parecía estar ominosamente cerca, porque los truenos iban directamente seguidos de los rayos.

"No sé tú, Russ, pero yo estoy pasado de hambre. ¿Qué me recomiendas?", preguntó David, que parecía ajeno al caos de fuera. El viento y la lluvia parecían látigos, los escombros volaban hacia el campo, los rayos iluminaban el cielo oscuro. Al entrar al bar, Kerry contestó la pregunta de David por mí, "¡Ey, Russ! ¿chile con carne de jabalí, refrito de col y patatas y una pinta de clara?" La pregunta era retórica, Kerry ya estaba anotándolo en la comanda.

"Que sean dos", dijo David.

Nos sentamos cerca de la ventana, yo estaba algo nervioso por la proximidad de la tormenta de fuera.

"Bueno, parece que las cosas van viento en popa, ¿no, Russ? ¡Salud!", dijimos brindando. "Y la nueva oficina no está nada mal, tampoco; una buena decisión, Russ."

"Pues sí, menos mal que me he quitado a ese idiota de Richard de encima". Cuando menos te cuente, mejor; pero sí, todo ha ido de maravilla desde que me vine al campo nuevo. Tengo un buen grupo de clientes frecuentes, pero el chico que se ha apuntado al segundo curso me ha sorprendido bastante."

"Cuando algo así de inesperado pasa (volver a vender al mismo cliente), lo llamo el 'polvo de hadas'. Ni siquiera yo lo vi venir", dijo con incredulidad, "Pero tiene mucho sentido, has dado en el clavo con el producto, el precio y la propuesta de valor. Aunque crear un valor vitalicio para el cliente como el que tienes es sencillo y obvio, a veces es muy fácil no darse cuenta."

"¿Valor vitalicio para el cliente?", le pregunté intrigado a David.

La lección de David sobre el valor vitalicio para el cliente

David sonrió y escribió dos números en un trozo de papel.

$10.000

$1.000

"¿Cuál de estos números es mayor?", preguntó.

"¡Pues $10.000, está claro!, sonreí, sabiendo perfectamente que era una pregunta con truco.

Es obvio. Sin embargo, puedes mirarlo desde otra perspectiva. El año pasado, trabajé con una agencia creativa que se especializa en crear páginas web. Llevan diez años funcionando, y cuando empezaron, sus mentores les animaron a realizar proyectos de cinco y seis cifras. Recientemente, lanzaron un proyecto de $10.000 y otros más pequeños de $1.000. No eran exactamente diez, pero para que las sumas sean más fáciles, vamos a asumir que eran diez. Ahora, mira estos dos números:

1 x $10.000

10 x $1.000

Ahora los números son iguales. Cuando interrogué a mi cliente algo más, descubrí que tienen una tarifa fija de $50 al mes por soporte técnico y servidor, sin importar el tamaño del proyecto.

Crear una página web de $10.000 no suponía mucho más trabajo que crear diez páginas web pequeñas; sin embargo, cuando tienes en cuenta las ganancias no asignadas de cada mes, los números son totalmente diferentes. Por ejemplo, en algo más de un año:

1 x $10.000 + $50 al mes = $10.600

Pero...

10 x $1.000 + 10 x $50 al mes = $16.000

Normalmente, sus clientes son leales y les dan más trabajo durante tres años o más. Al final del primer año, aquéllos con contratos más pequeños suponen un 50% más de ganancias que los del proyecto mayor. Al final del tercer año, los contratos más pequeños suponen un porcentaje espectacular de 275% más que el proyecto mayor.

En mi opinión, son demasiados negocios los que hoy en día se centran muchísimo en la venta inicial y se olvidan completamente de crear lealtad con sus clientes. Son los clientes leales, los "fans" de tu negocio, quienes vuelven y hacen dos cosas:

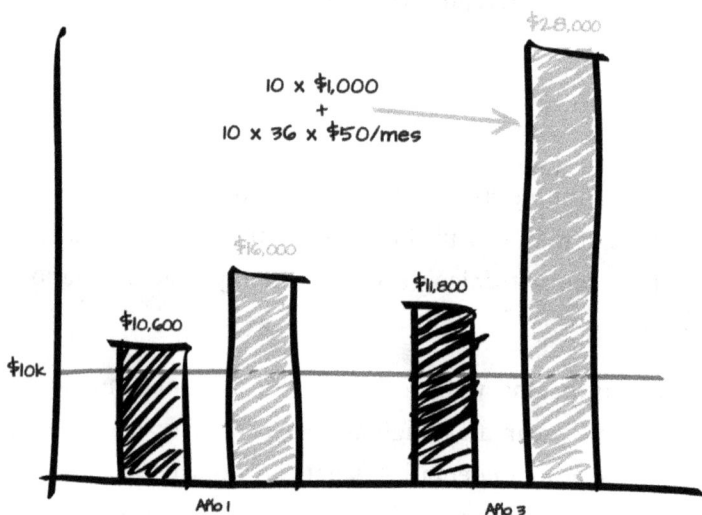

Primero, compran tu producto o servicio repetidamente. Segundo, son tu mejor canal de marketing; le recomendarán tu producto o servicio a sus amigos sin ni siquiera pensarlo, siempre y cuando les des lo que prometiste.

Puede que no tengas un paquete de "soporte", pero has creado una actividad comercial continua, que es mucho más valioso.

El beneficio adicional es que crea un flujo de caja constante. Cuando mi cliente se esforzaba en conseguir proyectos grandes, pronto se dio cuenta de que esto creaba periodos de auge y caída. A veces pasaban meses, e incluso años, desde que cobraban las fianzas de proyectos de desarrollo grandes y recibían el pago final. Los trabajos pequeños no sólo aumentaban el flujo de caja, sino que llevaban constantemente a servicios de soporte, que se pagan por adelantado a primeros de mes por domiciliación bancaria. Las tasas de soporte cubren directamente los gastos generales, costes directos y de personal.

En tu caso, el siguiente paso puede ser introducir un paquete de soporte o un servicio adicional. A lo mejor, si tus clientes pagan $595 por el curso inicial de ocho semanas, ¿puedes después apuntarles a una membresía de $50-100 al mes? Con la membresía, tus clientes pueden tener acceso a campeonatos, precios reducidos para el green, descuentos en el equipo y los productos y descuentos en clases adicionales. Podrías organizar seminarios online con preguntas y respuestas frecuentes y hacer vídeos sobre lo último en tendencias y consejos.

Una vez más, tenía que reconocer que David estaba en lo cierto y lo que sugería sonaba fantástico. Varias personas me habían preguntado cómo ponerse en contacto conmigo cuando terminen el curso. Un programa de subscripción parecía la continuación perfecta.

"Ah, y Russ, puede que tenga una oportunidad para ti. ¿Te acuerdas del 'librito negro' que te mencioné? Pues un colega está organizando una conferencia para profesionales del deporte en Arizona. Me han pedido que de un discurso, pero me gustaría que contases tu historia, si te parece bien, por supuesto", David podía ver cómo unía eslabones mentalmente, "te pagarían los vuelos y el hotel; quién sabe, igual puedo conseguir que Susan y los niños te acompañen".

"¿En serio? ¡Sí! Sí, David, por supuesto, sería increíble", luego recapacité: "¿Es una conferencia grande? ¿Cuántas personas habrá?".

"Bueno, sólo unas 3.500 o así."

"¡¿CÓMOOO?! El máximo número de personas a las que he dado un discurso fue 40 en mi boda. Estaba tan nervioso que derramé mi copa por todos lados."

"No te preocupes, conozco a un tío, Michael, conocido como el 'Presentation Maestro' Te lo presentaré, es un máquina, y te preparará para el discurso. Lo harás muy bien." David levantó su vaso otra vez, "¡Salud!".

CAPÍTULO 11
LIBERTAD

Miré a Susan. Sonreí. Me sonrió. Jacob estaba dormido en su falda, y Elena dormía profundamente en su asiento. La azafata se acercó a taparle con una manta de British Airways.

Estábamos sobrevolando algún lugar del Atlántico, a unos 36.000 pies. Me giré a mirar las nubes que dejábamos atrás y pude oír el zumbido potente del motor.

Los días antes del evento, temí que el irme dos semanas afectase considerablemente mis clases. Le transmití mi preocupación a David, y me dijo: "¡contrata a alguien!".

Eso hice; contraté a un chaval de 19 años con un swing sublime y mucho estilo, que además era lo suficientemente maduro como para ofrecer los cinco productos que había creado. Pilló perfectamente los procesos de venta y entrega enseguida y, aunque no era yo, me pregunté: "¿qué es lo peor que puede pasar?". Susan, los niños y yo necesitábamos unas vacaciones, así que no me lo pensé.

David cumplió su promesa y me consiguió la charla en la conferencia. Aproveché la oportunidad y pregunté si podía llevar a mi familia; y aceptaron. David incluso preguntó a los organizadores de la conferencia si era posible que volásemos en primera clase; y aceptaron. Volábamos directos a Arizona, y David nos esperaría en el aeropuerto. Pasaríamos cuatro noches allí y luego iríamos a Florida 10 noches, a la Playa de Juno, para ser exactos.

David se las arregló para que me quedase en el apartamento de Jarrett Park. Jarrett era el organizador de la conferencia donde iba a hablar, y, además de ofrecerme su apartamento para la duración de nuestro viaje, me ofreció su pase de socio al Seminole Golf Club.

Entré al escenario y vi a 3.500 espectadores ansiosos. El público aplaudía. Recordé el primer consejo de Michael: respira profundamente tres veces antes de hablar. Hice esto cuando me paré y los aplausos se apagaban.

Me di cuenta de que estaba sujetando el puntero firmemente en mi mano derecha, y el atril en mi izquierda. El segundo consejo de Michael era: no te escondas detrás de los atrezos, úsalos.

La experiencia en general me estaba resultando increíblemente surreal.

El tercer consejo de Michael era: recuerda que tú no eres el importante, tu audiencia lo es. Si estás nervioso y piensas en ti, tu discurso no va ser muy bueno; tú no disfrutas y la audiencia tampoco. Tú no eres el importante, tu audiencia lo es, y te va a apoyar, quieren que des el mejor discurso de tu vida.

Me coloqué enfrente del atril. Me giré y vi una foto mía en la que miraba, erguido, un par 3. La foto ocupaba la pantalla de un proyector de 20 pies de alto.

"Imaginad una lucha diaria con vuestro negocio, falta de seguridad, no poder poner comida en la mesa. Bien, pues ése era yo hace nueve meses. Era un profesional del golf con dificultades. Mis clientes no venían a las clases y, como consecuencia, estaba perdiendo dinero. Si ése eres tú, hoy voy a ayudarte a cambiar todo eso durante mi charla, y cuando termine, sabrás cómo darle la vuelta a tu negocio y hacer que crezca en los próximos tres meses, como yo hice. Si aún no he tenido el placer de conoceros, me llamo Russell Hibbert…".

Exactamente 57 minutos después, la audiencia estaba de pie aplaudiendo. No me lo podía creer. Qué sensación. Levanté mi mano, saludé, e hice un gesto de agradecimiento antes de salir del escenario.

David me saludó a un lado de la sala, me estrechó la mano, colocando su otra mano en mi hombro, y dijo en voz alta: "Bien hecho, Russ, lo has clavado. Sabía que lo harías. Eh, Jarrett, ven aquí, quiero presentarte a Russell."

Jarrett Parks se acercó, "Encantado de conocerte, Russell".

"El placer es mío, me encanta tu último libro, Jarrett, lo leí de principio a fin durante el vuelo", contesté lleno de adrenalina.

"Russ, cuando quieras hablar otra vez en cualquiera de mis eventos, sólo tienes que decírmelo." Jarret me soltó la mano tras el fuerte apretón, "Por cierto, ¿cuál es tu oferta?".

"¿Mi oferta?", estaba confundido, ¿me había perdido algo?

"Sí, no has dicho tu oferta al final de la charla. Todos dan una oferta, como ¿qué es lo siguiente?", dijo Jarrett. Quería morirme. David notó mi desasosiego de inmediato y vino al rescate.

"Ah, es mi culpa, iba a preguntarte de parte de Russell. La mujer de Russell no juega al golf, y él se preguntaba si su oferta podía ser unas clases de cinco días y la oportunidad de jugar en Seminole como invitado de Russ."

Miré a David confundido, sin entender muy bien lo que estaba pasando. David simplemente me miró con una gran sonrisa y me guiñó el ojo.

"Claro que sí, David, amigo mío, sí", dijo Jarrett dirigiéndose hacia el escenario. Hizo un gesto para silenciar al público y anunció:

"Russell, con las prisas por dar una charla tan buena, porque lo ha hecho, ¿no?", el público aclamó, "se ha olvidado de contaros su última gran oferta. Russell va a pasar la semana en su apartamento de Seminole...".

"¿Mi apartamento?", pensé.

Susan vino hacia mí, me agarró de la mano y me susurró al oído: "Bien hecho, cariño, has estado increíble, estoy súper orgullosa de ti."

Jarrett continuó, "...y tiene cinco plazas disponibles para clases privadas y la oportunidad de jugar una ronda de golf en Seminola con él. Si queréis más información, os ruego que vayáis a mi stand en la parte trasera de la sala y preguntéis por mi ayudante, Jennifer. ¡Va por orden de llegada! Ahora, el siguiente invitado no necesita presentación, es mi protegido; por favor, un fuerte aplauso para El Genio de los Negocios, David Marchant."

Me quedé pasmado al ver que al menos doce personas se levantaron de sus asientos y empezaron a hacerse camino hacia la parte trasera de la sala, mientras el resto de la audiencia aplaudía a David, que salía al escenario. Jarrett estrechó la mano de David, dejándole el escenario y luego se dirigió hacia mí.

"¿Mi apartamento?", pregunté.

Jarrett me sonrió, "Bueno, lo va a ser durante los próximos diez días, Russ, así que disfrútalo al máximo. Por lo que veo, vas a estar ocupado", dijo señalando a Jennifer, que estaba en la parte trasera de la sala saludando y levantando los pulgares como señal de que la venta había ido bien. "Ve a hablar con Jenni, ella se encargará de todo lo demás. Tenemos otro evento en Los Hamptons dentro de 3 meses, me encantaría que dieses una charla en ése."

Susan y yo, que aún estábamos aturdidos, nos fuimos por el lado del auditorio a ver a Jennifer. De camino, la gente me paró varias veces, agarrándome la mano para estrecharla, diciéndome lo mucho que les había gustado mi charla.

Mi teléfono vibró, lo miré y vi que era Richard. Le di a cancelar y sonreí. Ya no tenía que lidiar con ese idiota, pensé.

Jennifer corrió a saludarnos, "Las cinco plazas, vendidas, Russell. Enhorabuena. Tengo que mandarte el pago, ¿vale?".

"¿El pago?".

"Sí, 50.000 dólares", sonrió.

"¿50.000 dólares?".

"Lo has vendido todo, cinco clases y una ronda en Seminole.

10.000 dólares por cada plaza, que hacen el total de 50.000 dólares." Abrió su MacBook y se metió en First National Bank, "¿Te sabes tus números IBAN y Swift?", preguntó.

Susan ya se había adelantado y se metió en mi cuenta bancaria. Puso su teléfono en frente de Jennifer para que pudiese leer los datos bancarios. Miré a Susan, "¿50.000 dólares?, dije de nuevo. Por fin sentía que ya no iba a la deriva y que tenía un gran propósito en la vida.

CAPÍTULO 12
ATARDECER

No hay nada más bonito que poder disfrutar de un atardecer con un mojito en la mano y disfrutar de la paz de la naturaleza rodeado de los mejores campos de golf del mundo.

En mi caso, estoy sentado en la terraza de la casa club del Bali National Golf Course esperando a que lleguen mis primeros alumnos.

Justo ahora, Susan pasa la terraza que hay debajo de donde estoy sentado. Está radiante con un vestido de verano blanco suelto, que se mueve con la brisa. Hay ajetreo y risas de Elena, que pasa a Susan corriendo y Jacob, que la persigue con la rapidez que un niño de casi 2 años puede tener. Poco después, aterriza de boca en el bunker cerca del hoyo 18. En ese momento, todos se ríen histéricamente, incluso Jacob, que se limpia la arena de su cara.

Susan me mira con una gran sonrisa y me hace una señal para que me acerque y me una a ellos.

Me tomo un momento para capturar la escena y entonces me suelto de la veranda donde había estado apoyado.

Poco después de Arizona y Seminole, David me ayudó a crear la Golf Pro Academy. La GPA es ahora mi retiro de marca para profesionales del golf emprendedores, y cada tres meses organizo retiros de una semana para 10-20 profesionales en campos exóticos de todo el mundo. La semana normalmente consiste en enseñar a mis alumnos los conocimientos básicos de cómo gestionar un negocio adaptado a un estilo de vida, jugar al golf y disfrutar de la vida.

Puedo elegir el campo en el que tienen lugar y las épocas del año en las que quiero ir. No es una fortuna, pero mis beneficios, una vez restados los gastos, están cerca de $250.000 al año, que es suficiente para conseguir los objetivos que Susan y yo escribimos al principio.

Todavía me sorprende que, hace dos años, estaba a punto de dejarlo y abandonar mi sueño de ser un profesional del golf y poder enseñar a otros el deporte que amo.

Y eso no es todo.

Acabo de comprar una parcela de tierra al lado de la cadena montañosa de Oxfordshire y el ayuntamiento ha aprobado una Academia de Golf. Quiero organizar campamentos de golf de una semana para niños de barrios pobres que, de lo contrario, nunca podrían agarrar un palo o pasar tiempo al aire libre.

El ayuntamiento se ha ofrecido a financiar el proyecto, pero a cambio les he pedido que hagan una donación benéfica. Por cada niño que hace nuestro programa durante un día, financiarán un programa deportivo para un niño en la India a través de Buy1Give1. Eso significa que, por la gran suma de $0,21, un niño en algún lugar del mundo se beneficia de jugar al golf. Por cada persona que se apunta a uno de mis retiros, diez niños pueden completar un programa deportivo de un año.

Mientras bajo a reunirme con Susan y los niños, pienso en los dos últimos años, en la suerte que tuve de conocer a David en ese momento, en cómo me ayudó a fijar mis objetivos, en cómo me enseñó que necesitaba un gran deseo de superar todos los retos que se ponían en mi camino, y, sobre todo, las actividades que necesitaba llevar a cabo para conseguir mis objetivos. Sobre todo, no podía creerme lo afortunado que era, y me pregunté por un momento: "¿Ahora qué? ¿A por qué voy?".

LOS SIGUIENTES PASOS

Después de leer este libro, hay varias formas de dar los siguientes pasos. Antes de nada, visita la página web de Robin (actualmente en inglés) para ver sus últimos eventos, noticias, y el programa de coaching Fearless Business:

http://robinwaite.com

También puedes escribirle un correo electrónico a Robin a robin@robinwaite.com para hacerle cualquier pregunta acerca de *Ve a por ello*.

Si este libro te ha inspirado aunque sea un poco, es importante que hagas lo pertinente con tu negocio. Mi objetivo al escribir este libro es de cambiar las percepciones que tienes de tu propio negocio y empezar un proceso de cambios en el mismo, porque, seamos sinceros, nada va a cambiar si sigues haciendo lo de siempre.

*** OFERTA PARA CRÍTICAS ***

Si crees que este libro puede ayudarle a alguien más, te invito a hacer una crítica en Amazon para ayudar a que se corra la voz de *Ve a por ello*.

Si escribes una crítica de *Ve a por ello* y me mandas una impresión de pantalla o un enlace a la crítica, me encantará ofrecerte una Llamada de Diagnóstico gratuita de 30 minutos (en inglés) para ayudarte a 'ir a por ello' en tu negocio.

He ayudado a empresarios a duplicar y triplicar sus ingresos, y me gustaría tener la oportunidad de ayudarte a conseguirlo también.

Por encima de todo, gracias por tomarte el tiempo para leer *Ve a por ello*. Si he hecho que se te encienda una bombilla, por muy poca luz que ahora de, he conseguido mi objetivo con el libro.

ACERCA DEL AUTOR

El primer trabajo que tuve fue de repartidor de periódicos, haciendo la ronda más larga del pueblo donde vivía, y la que pagaba más. Las propinas que me daban todas las navidades durante cuatro años eran más que las de los demás niños repartidores. Esto significaba que podía permitirme comprar dos o tres CDs a la semana, mientras la mayoría de mis compañeros apenas podían comprar uno o dos al mes.

Al poco tiempo, estaba invirtiendo el dinero que ganaba de repartidor en CDs de segunda mano y vendiéndolos en mi colegio a mis compañeros para poder comprarme los últimos álbumes y el mejor equipo de Sony que me pudiese permitir.

Sin saber qué negocio quería empezar, a los 18 trabajé de analista de sistemas, lo cual me enseñó muchísimo acerca de sistemas y procesos, pero mis métodos dieron lugar a que algunos empleados de la empresa donde trabajaba perdiesen su trabajo. El sueldo no era una maravilla, así que para cuando cumplí 22, ya había empezado un gran negocio suplementario vendiendo ordenadores portátiles de segunda gama. Conseguí dinero suficiente como para dejar mi trabajo y, un verano, gané más de $40.000. La mayor parte era en efectivo (declarada, todo hay que decirlo), pero ese dinero estaba debajo de mi colchón. Hice lo que cualquier espabilado de 22 años haría: comprar un coche y reservar unas vacaciones para ir a Florida con mi novia a ver a su hermano.

En Florida, recibí una llamada de un antiguo colega para abrir una agencia creativa.

Mi agencia de diseño no era como cualquier otra; generalmente, un cliente nuevo enviaba una solicitud de presupuesto, y eso iniciaba el proceso de "ping-pong" de las agencias de diseño, que consistía en idas y venidas entre la agencia y el cliente. Sabía que tenía que haber un modo mejor que hacerlo todo a distancia, así que creé una serie de talleres privados intensivos.

En los talleres, el cliente trabajaba directamente con un experto en estrategia y un programador o diseñador, según se tratara de un taller para una página web o uno para trabajar en la marca. Normalmente, los talleres eran de 1-2 días.

Diseñar un logo profesional, por ejemplo, es un proceso que puede llevar hasta ocho semanas. Este proceso es largo debido a una comunicación pobre o falta de tiempo. Cobrábamos $60 la hora, y un logo puede suponer 8-10 horas de trabajo en ese juego de ping pong de las agencias de diseño que suele llevar 8 semanas.

Invitaba al cliente a un taller privado de 1 día para trabajar en la marca. El proceso tenía, incluso, siete pasos con resultados claramente definidos. Cobrábamos un precio fijo de $1.495, casi tres veces la tarifa por horas que antes pedíamos. Ofrecía una garantía de devolución total del dinero, e hice lo mismo con páginas web creando un taller de 2 días para hacer un prototipo. Todo iba cobrando sentido.

Cuatro años después.

Bajando Frocester Hill a más de 50 millas por hora, me separé de mis compañeros ciclistas y me vi parado a lado de una vía ferroviaria. Lo único que podía pensar era: "Quiero más, ¡quiero ir más rápido!". Un tren pasó a toda máquina y, de repente, pensé: "¿Y si me hubiese puesto enfrente de ese tren?", y después: "¡Pero no lo hice! Así que algo tiene que cambiar." Me di cuenta de que me faltaba algo en la vida y tenía que actuar.

Después de hablar con mi coach personal, Michael Serwa, me di cuenta de que no me apasionaba crear páginas web o diseñar logos, me había creado un "trabajo". Sin embargo, me encantaba trabajar con personas, enseñarles, crear productos para ellos, crear activos y sistemas para que pudiesen cobrar más.

Michael me dijo durante una sesión: "Robin, ¡me parece que eres un coach!".

Pasé tres meses creando mi marca y me lancé como un coach de negocios. Me había marcado un objetivo. Quería conseguir diez clientes en mi primer año. Conseguí 14 clientes en 6 semanas. Ahora tengo 35 años y dirijo un negocio de coaching ganando 6 cifras. Tengo clientes fantásticos y todo se lo debo a Michael, mi coach, por empujarme a hacerlo y hacerme creer que podía hacerlo.

Ahora asesoro a otros empresarios y gerentes para que hagan lo que yo hice. Mi especialización son los negocios de servicios profesionales. Desde agencias creativas que facturan algo más de $20.000 al año a grandes empresas de contabilidad que facturan más de 2 millones de dólares. He creado una serie de herramientas de coaching para facilitar mis reuniones quincenales o mensuales con mis clientes.

Cuando veo que los negocios de mis clientes prosperan, me siento tremendamente realizado, y mi objetivo para los próximos cinco años es ayudar a que 10.000 empresarios dupliquen sus ingresos en seis meses con mis herramientas. Esto no lo puedo hacer con sesiones privadas, así que he creado una serie de herramientas y programas de coaching, y frecuentemente doy charlas y hago talleres para poder conseguir mi objetivo.

https://robinwaite.com

FEARLESS BUSINESS

"Fearless Business" es para todo aquel que de verdad quiera hacer que su negocio crezca, y que, potencialmente, sus facturación y beneficios se dupliquen en los próximos 6 meses.

No obstante, entrarás a formar parte de una familia en la que yo soy la mamá gallina; ¡y mis polluelos me hacen muy orgullosos cuando triunfan y tienen "momentos lúcidos"!

El programa (en inglés) te da acceso a lo siguiente:

- Un seminario online de 2 horas a modo de panel con preguntas y respuestas
- Acceso a sesiones descontadas de descubrimiento (Breakthrough Sessions)
- El curso Fearless Business
- Responsabilidad en el grupo Fearless Business
- Poder escribirme cuando quieras (dentro de lo razonable) con tus retos y yo contestarte lo antes posible
- l curso para emprender online "Online Business Startup"
- Copias de mi libro Online Business Startup y copias pre-lanzamiento de mis dos próximos libros, antes que nadie
- Acceso a mi librito negro de contactos

Puedes inscribirte en cualquier momento.

¿Te interesa? ¡Entonces ve a por ello! Rellena el formulario online.

https://robinwaite.com/diagnostic-call

LECTURAS RECOMENDADAS

Título	De qué trata
Piense y Hágase Rico Napoleon Hill	Podemos aprender a pensar como los ricos y descubrir la riqueza y el éxito.
Built to Sell John Warrilow	Crear un negocio que pueda crecer sin ti.
Go For No Richard Fenton and Andrea Waltz	"Sí" es el destino, "No" es cómo llegar.
The Startup Coach Carl Reader	Otros libros te ayudan sólo con la teoría, los libros de "aprender tú mismo" te demuestran sus palabras con hechos.
El método Lean Startup Eric Reis	Cómo los emprendedores de hoy en día utilizan la innovación constante para crear negocios completamente exitosos.
The Prosperous Coach Steve Chandler and Rich Litvin	Más ingresos y un mayor impacto para ti y tus clientes.
How to Be F*cking Awesome Dan Meredith	Una patada en el trasero para lanzar por fin ese negocio, empezar un proyecto nuevo que has estado posponiendo o simplemente hacerte totalmente increíble.

Título	De qué trata
24 Assets Daniel Priestley	Crea un negocio digital, expansible, de valor y divertido que prospere en un mundo de cambio constante.
The Phoenix Project Gene Kim and Kevin Behr	Una novela sobre Tecnología de la Información, DevOps y ayudar a que tu negocio gane.
Principled Selling David Tovey	Cómo ganar más sin vender tu alma.
Elon Musk Ashlee Vance	Cómo el CEO multimillonario de SpaceX y Tesla está modelando nuestro futuro.
From Good to Amazing Michael Serwa	Consejos serios para la vida que siempre has querido.
La Meta Jeff Cox, Eliyahu Goldratt	Un proceso de mejora contínua.
Atrévase a dar el gran salto Gay Hedricks	Conquista tu miedo oculto y lleva tu vida al siguiente nivel.
Vendes o vendes Grant Cardone	Cómo hacerte camino en los negocios y en la vida.
Flash Boys Michael Lewis	Si pensabas que Wall Street consistía en hombres líderes delante de parquets gritándose el uno al otro, piensa otra vez.
Life Leverage Rob Moore	Cómo hacer más en menos tiempo, subcontratarlo todo y crearte un estilo de vida móvil ideal.
Online Business Startup Robin Waite	La guía del emprendedor para lanzar un negocio online rápido, moderno y rentable.